Anselm Grün

IN BILDERN DAS GEHEIMNIS SCHAUEN

Anselm Grün

IN BILDERN
DAS GEHEIMNIS SCHAUEN

Mit Bildern von Egino Weinert
durch das Kirchenjahr

VIER-TÜRME-VERLAG MÜNSTERSCHWARZACH ABTEI

Die Deutsche Bibliothek – CIP-Einheitsaufnahme

In Bildern das Geheimnis schauen : mit Bildern von Egino
Weinert durch das Kirchenjahr / Anselm Grün. – 1. Aufl. –
Münsterschwarzach : Vier-Türme-Verl., 1996
    ISBN 3-87868-564-5
NE: Grün, Anselm; Weinert, Egino

1. Auflage 1996
© by Vier-Türme-Verlag, D-97359 Münsterschwarzach Abtei
Gesamtherstellung: Vier-Türme GmbH, Benedict Press, D-97359 Münsterschwarzach
ISBN 3-87868-564-5

Inhalt

EINLEITUNG

Egino Weinert war insgesamt 13 Jahre in der Abtei Münsterschwarzach, zuerst als Lehrling und dann als Mönch. Es war nicht immer eine leichte Zeit für ihn, da der damalige Abt wenig Sinn für moderne Kunst hatte. Nachdem er als Mönch die Kölner Kunstschule besucht hatte, arbeitete er drei Jahre in der Goldschmiede der Abtei. Dort konnte er in Gestalt umsetzen, was er in der Kölner Schule gelernt hatte. Dabei ließ er sich auch von der Theologie inspirieren, die ihm damals in der Abtei Münsterschwarzach vor allem durch P. Theophil Lamm vermittelt worden ist. So bekennt Egino Weinert heute noch, daß er der theologischen und spirituellen Prägung in seiner Münsterschwarzacher Zeit sehr viel verdankt. In seiner Kunst drückt er aus, was er damals vom Geheimnis Gottes und der Menschen erkannt hat. Es war die Mysterientheologie von Odo Casel, die damals die führenden Mönche in Münsterschwarzach vertraten: P. Theophil Lamm, P. Wunibald Kellner, P. Sturmius Grün, P. Urban Rapp. Der Laacher Mönch Odo Casel hatte die frühchristliche Theologie vom Mysterium Gottes, das in Christus offenbar wird und in der Feier der Liturgie unter uns gegenwärtig wird, entfaltet und damit großen Einfluß auf die liturgische Bewegung ausgeübt. Die Mysterientheologie ist der griechischen Mystik verpflichtet, die über das Schauen zur Gotteserfahrung kommt. Das Bild spielt deshalb innerhalb der Mysterientheologie eine große Rolle. Genauso wie im Schauspiel der Liturgie wird auch im Kultbild Gottes Heilshandeln in Jesus Christus für uns Menschen sichtbar und erfahrbar. Das Geheimnis, das jede Liturgie und jedes Bild verkündet, ist: „Christus ist unter euch, er ist die Hoffnung auf Herrlichkeit" (Kol 1,27).

Bilder wollen uns das Geheimnis Gottes und das Geheimnis unseres eigenen Lebens aufzeigen und uns ins Geheimnis führen. Bilder sind Fenster, durch die das Geheimnis Gottes hindurchscheint und in unser Leben einbricht. Im Bild, so sagen die Griechen, leuchtet das Urbild selbst auf, da wird Gott selbst sichtbar. Im Bild wird der Schleier weggezogen, der über unserem Leben liegt, und wir schauen die Wirklichkeit, wie sie in Wahrheit ist. Bilder sprechen uns ganzheitlicher an als Worte, sie berühren auch unsere Emotionen, ja sie dringen bis in unser Unbewußtes vor. Bilder haben eine heilende Wirkung. Bilder wollen sich uns einbilden und uns nach dem Bilde Gottes formen. Bilder sind wirksam. Sie bewirken Erlösung, weil sie das Heilshandeln Gottes in uns einprägen. Wir brauchen Bilder, um uns zu bilden nach dem Bild, das Gott sich von jedem von uns gemacht hat.

Romano Guardini schreibt einmal von der Kunst: „Das Kunstwerk geht aus der Sehnsucht nach jenem vollkommenen Dasein hervor, das nicht ist, von dem der Mensch trotz aller Enttäuschung meint, es müsse werden." (Lex Spir 746) In jedem Bild steckt die Verheißung jenes Bildes, das Gott von jedem einzelnen von uns entworfen hat. Die Aufgabe unseres Lebens besteht darin, dieses einmalige Bild Gottes in uns in dieser Welt darzustellen. Die Bilder von Egino Weinert wollen uns aufzeigen, zu welcher Schönheit Gott jeden von uns gerufen hat. Mit seinen Bildern möchte er uns von der Liebe Gottes predigen, die in Jesus Christus sichtbar geworden ist und die sich auch in unser Dasein einbilden möchte. Er könnte bestätigen, was W. Knaupp einmal von der Predigt der Bilder gesagt hat: „Sie können mit Engelszungen predigen, auf Dauer ist das Bild stärker." (Lex Spir 749) Egino Weinert hat seine Berufung zum Benediktinermönch in seiner Kunst fortgeführt. Darin kann er aussagen, was er als betender Mensch Tag für Tag erfährt. Darin kann er seiner Sehnsucht nach dem Gott der barmherzigen Liebe Ausdruck verleihen. Und darin möchte er die Menschen dazu ermutigen, dem barmherzigen Gott zu trauen und ihr Leben in Seine Liebe zu bergen.

Wir haben in diesem Band nur Emailbilder ausgesucht, die einzelne Feste oder Themen des Kirchenjahres behandeln. So soll dieser Band einmal eine Hilfe sein, die Geheimnisse unserer Erlösung, wie sie das Kirchenjahr darstellt, zu meditieren und zu verinnerlichen. Zum andern will das Buch ein Dank der Abtei Münsterschwarzach an Egino Weinert sein, der auf seine Weise den Geist, der uns prägt, in die Welt hinausträgt und als Künstler seine missionarische Berufung erfüllt. Das Kirchenjahr mit seinen Festen war Egino seit Kindheit an vertraut. Die 13 Jahre in Münsterschwarzach haben sein Verständnis der Liturgie und Theologie der Feste geprägt. Im Fest bricht Gott in unser Leben ein und verwandelt es. Jedes Fest drückt unsere Sehnsucht nach Vollendung aus, nach ewiger Geborgenheit und Gemeinschaft mit Gott. Im Fest wird gegenwärtig, was Gott in der Geschichte Jesu Christi an uns gewirkt hat. Nach dem Verständnis des Lukasevangeliums wird in jedem Kirchenjahr das eine Heilsjahr, in dem Jesus heilend und Gutes tuend umherzog, vergegenwärtigt, damit das Heil sich mehr und mehr in unsere Geschichte einprägt. Die Bilder, die Egino Weinert zum Kirchenjahr geschaffen hat, wollen uns helfen, daß das Heilsgeschehen von damals sich heute an uns erfüllt. Indem wir sie anschauen, will sich das heilende und erlösende Wirken Gottes in Jesus Christus immer tiefer in uns einbilden. In den Bildern schauen wir, wozu wir in Christus berufen sind. Bilder wollen sich einbilden, wollen uns in das Bild verwandeln, das wir schauen. So hat es Paulus in 2 Kor 3,18 verstanden. Durch das Schauen auf die Bilder, die uns Christus als das „Ebenbild des unsichtbaren Gottes" (Kol 1,15) in seiner Geschichte von der Geburt bis zur Himmelfahrt zeigen, werden wir „so in sein eigenes Bild verwandelt, von Herrlichkeit zu Herrlichkeit, durch den Geist des Herrn" (2 Kor 3,18).

I. DER WEIHNACHTSFESTKREIS

1. VERKÜNDIGUNG

 In der Tradition der großen christlichen Kunst stehend stellt Egino Weinert Maria in der Verkündigungsszene als kontemplative Frau dar. Sie liest in der Heiligen Schrift und meditiert die Worte Gottes. Die über der Brust gekreuzten Hände zeigen, daß sie das Wort Gottes, das sie lesend in sich aufnimmt, in ihrem Herzen bewahrt. Sie wird mit blauem Kleid dargestellt. Blau ist die Farbe der Sehnsucht, die Farbe des Himmels. Maria ist nicht nur Frau der Erde, wie es der braune Hocker zeigt, auf dem sie sitzt. Sie ist nicht nur die liebende Frau, wie das Rot zu ihren Füßen darstellt. Sie ist auch die Frau des Himmels, die Frau, die sich nach Gott sehnt und deshalb die Farbe des Himmels angenommen hat.

Das Wort, das sie meditierend in sich aufnimmt und in ihrem Herzen hin und her bewegt, wird in der Verkündigung Fleisch. Der Engel, der ihr die Botschaft Gottes bringt, ist ein junger Mann. Er übergibt ihr eine rote Rose und drückt damit aus, daß die Fleischwerdung des Wortes ein Geschehen der Liebe ist. Es ist die liebende Begegnung mit Gott, die Maria schwanger werden läßt vom Wort Gottes. Es ist eine Begegnung voller Erotik. Marias Gesicht spiegelt wider, daß sie von dem Gruß des jungen Mannes in ihrem Herzen getroffen wird. Aber es ist letztlich der Heilige Geist selbst, der sie im Wort des Engels befruchtet. Lukas schildert die Verkündigung des Engels an Maria als gelungenen Dialog. Der Engel spricht Maria an. Sie antwortet und hält ihr offenes Herz, ihren offenen Schoß dem göttlichen Wort hin, so daß es in ihr Fleisch annehmen kann. Sie stellt sich Gott zur Verfügung, auch wenn sie nicht weiß, wohin sie das führen wird. Während Israel als „Knecht des Herrn" sich Gott verweigert, versteht Maria sich als neues Israel, als gehorsame „Magd des Herrn". Sie ist bereit, sich auf Gottes Verheißung einzulassen. Das befruchtet sie, das läßt sie schwanger werden vom göttlichen Wort.

Die Verkündigungsszene ist hier auf einem Tabernakel dargestellt. Die Flamme der Kerze zwischen Maria und dem Engel reicht in eine runde weiße Fläche hinein, die die Hostie darstellt. Im Tabernakel ist das fleischgewordene Wort Gottes aufbewahrt. Das Wort Gottes, das in Maria Fleisch wird, und der Leib Christi, der uns im verwandelten Brot begegnet, gehören eng zusammen. Den Leib Christi empfangen heißt auch, das Wort Gottes mit der Offenheit empfangen und meditieren, wie es Maria getan hat. Dann werden wir wie Maria schwanger vom Wort Gottes. Dann werden wir wie Maria selbst zum Tabernakel und die Liebe wird durch uns hindurch in diese Welt ausstrahlen, wie es die roten Strahlen anzeigen, die von der Hostie ausgehen.

Es ist ein adventliches Bild. Maria meditiert die Bibel. Sie sammelt sich, um das Wort Gottes im Herzen zu bewahren. So ist sie offen für das Kommen des Herrn. Weil sie ihr Herz Gott hinhält, kann er selbst darin eintreten. Advent ist die Zeit des Wartens, die Zeit, in der wir betend und meditierend in Berührung kommen mit unserer Sehnsucht, die uns über diese Welt hinausführt in den himmlischen Bereich, in dem sie allein gestillt werden kann. Indem wir das Bild der Verkündigung anschauen, kann sich in uns das Wort Gottes einbilden und so Fleisch werden, wie es in Maria Fleisch geworden ist und wie es im Tabernakel als Leib Christi für uns eine sichtbare Gestalt angenommen hat.

 Gott ist an Weihnachten für uns Kind geworden. Er ist für uns klein und verwundbar geworden. In einem Stall wurde er geboren. In unserem Stall möchte er von neuem geboren werden. Maria hält auf unserem Bild das Jesuskind in Windeln gewickelt im Arm. Der östlichen Tradition gemäß sind die Windeln wie Grabestücher um das Kind geschlungen. Das göttliche Kind, das an Weihnachten geboren wird, wird bis in das Grab hinein unser menschliches Schicksal teilen und verwandeln. Es wird unsern Tod in die Geburt des neuen und ewigen Lebens verwandeln. Krippe und Kreuz gehören zusammen. Das hat Egino Weinert in dem weißen Kreuz dargestellt, das vom Kopf des Kindes ausgeht.

Maria sitzt nach vorne gebeugt, wieder im blauen Gewand. Mitten auf der Erde bezeugt sie in ihrem göttlichen Kind den Himmel, bringt sie den Himmel auf die Erde. Ein Stern leuchtet auf und öffnet den Himmel für die Menschen, die kniend das Kind anbeten. Da ist ein Hirte, der als Gabe sein Schaf zur Krippe bringt. Die rechte Hand hat er auf das Herz gelegt, um zu bekennen, daß in diesem Kind der Himmel über ihm aufgeht. Da ist eine Frau, die einen Strauß Blumen bringt, zwei rote und eine weiße Blume. Rot ist Zeichen der Liebe, weiß steht für die Reinheit. Es ist die reine Liebe, mit der diese Frau das Kind begrüßt. Über ihr leuchtet der Stern. Über solcher Liebe geht der Himmel auf. Hinter der Frau grüßen ein alter Mann mit einem grünen Geschenk und ein junger Mann mit seinem Hirtenstab das Kind, indem sie anbetend und liebend in das Gesicht Jesu schauen.

Vorne knien zwei Kinder, ein Bub und ein Mädchen. Sie haben keine Gaben, die sie mitbringen können. Der Bub in schwarzem Gewand hält sein Herz dem Kind hin. Es ist das Beste, das er ihm schenken kann. Das Mädchen faltet die Hände und betet das göttliche Kind an. Die Kinder stehen für uns alle. Vor Gott

sind wir wie Kinder. Da können wir nicht viel mitbringen. Aber unser Herz haben wir immer bei uns und die beiden Hände können wir stets im Gebet falten, um Gott anzubeten. Wenn wir uns im Herzen von Christi Geburt ergreifen lassen und wenn wir anbetend vor ihm niederfallen, dann werden wir wie die Kinder, dann wird unser Leben neu. Und um unsere Neugeburt geht es an Weihnachten. Jesus will in unserem Herzen geboren werden. Angelus Silesius hat das in seinem berühmten Vers ausgedrückt: „Wär Christus tausendmal in Bethlehem geboren und nicht in dir, du wärest ewiglich verloren."

Weihnachten braucht das Bild. Ich kann mir nicht vorstellen, Weihnachten zu feiern, ohne die Kunstkarten auf meinem Schreibtisch aufzustellen, die mir liebe Menschen geschickt haben. Mit jedem Bild verbinde ich andere Gefühle. Aber jedes Bild bringt etwas vom Geheimnis der Menschwerdung zum Ausdruck, die sich in mir selbst neu vollziehen möchte. Im Bild von Egino Weinert spricht mich die Innigkeit der Gebärde an und die Freude, die sich auf den Gesichtern der anbetenden Hirten und Kinder widerspiegelt. Indem ich es anschaue, wird es in mir still. Und über mir geht der Himmel auf und ich weiß auf einmal: Gott ist auch in mein Leben eingebrochen. Er wird in meinem Stall, in meinem inneren Durcheinander, in meiner Dunkelheit, neu geboren. Und wenn Er in mir geboren wird, dann wird alles in mir neu, dann bin ich nicht festgelegt durch meine Vergangenheit, dann darf ich die alten Träume von einem erfüllten Leben wieder neu zu träumen wagen. Dann leuchtet der Stern auch über meinem Leben.

3. DIE ANBETUNG DER KÖNIGE

 Matthäus berichtet uns von Magiern, von Sterndeutern, die im Orient den Stern eines neuen Königs aufgehen sahen und sich deshalb auf den Weg nach Jerusalem machten. Die Volksfrömmigkeit hat aus den Sterndeutern drei Könige gemacht. Man könnte diese volkstümliche Deutung auch als tiefenpsychologische Schriftauslegung verstehen. Denn sie arbeitet mit archetypischen Bildern. Drei ist die Zahl der Ganzheit. Es sind drei Bereiche, die den Menschen ausmachen: Kopf, Herz und Bauch, Denken, Fühlen und Vitalität. Manche Philosophen teilen den Menschen in Leib, Seele und Geist auf, andere in Verstand, Willen und Gedächtnis. Aber immer sind es drei Kräfte, die den Menschen ganz machen. Im Märchen sind es immer drei Königssöhne, die ausziehen, um ihre Aufgaben zu erfüllen. So sind es auch drei Könige, die sich auf den Weg machen, um das göttliche Kind anzubeten. Alle Kräfte in uns müssen den langen Weg des Herzens auf sich nehmen und vor dem menschgewordenen Gott niederfallen, um verwandelt zu werden. Nur so kann Neugeburt in uns geschehen. Und es sind Könige. Der König ist ein Bild für den Menschen, der sich selbst beherrscht, anstatt von andern beherrscht zu werden. Er steht für den ganzen Menschen, der sich auf den Weg zu seiner eigenen Ganzwerdung macht.

Da ist der alte König, der das Gold der Liebe bringt. Egino Weinert stellt das Gold als Krone dar. Sie spiegelt unsere Würde als Mensch wider . Alles, was wir besitzen und woran wir uns oft genug klammern, müssen wir dem göttlichen Kind hingeben, damit das Alte und Weise in uns verwandelt werden kann. Der alte König wird durch die Gebärde der Anbetung innerlich jung. Die Liebe, die das Gold unseres Herzens hergeben kann, verjüngt uns. Ohne diese Liebe würden wir selbst als junge Menschen alt und verknöchert. Der zweite König mit rotem Bart hält ein Rauchfaß in der Hand. Er bringt den Weihrauch seiner

Sehnsucht dar. In dem göttlichen Kind, das Maria auf ihrem Schoß hält, kommt seine Sehnsucht zur Erfüllung, da weiß er, daß sich die Reise seiner Sehnsucht gelohnt hat. Der menschgewordene Gott vermag seine Sehnsucht nach absoluter Liebe und Geborgenheit, nach letzter Heimat, zu erfüllen. Der rote Bart weist auf den leidenschaftlichen Menschen hin, der aber hier seine tiefste Sehnsucht auf Gott richtet. So kann seine Leidenschaft verwandelt werden.

Der dritte König mit schwarzem Bart bringt ein grünes Gefäß mit Myrrhe dar. Myrrhe ist einmal ein Zeichen der Schmerzen. Es geht nicht nur darum, unsere Liebe und Sehnsucht Gott hinzuhalten, sondern gerade auch unsere Wunden und Schmerzen. Sie sind manchmal das Kostbarste, das wir besitzen. Wunden, mit denen ich mich aussöhne, können zu kostbaren Perlen werden, die wertvoller sind als aller Besitz, den wir anhäufen könnten. Myrrhe ist aber auch ein Heilkraut, das nach der Legende aus dem Paradies stammt. Indem wir unsere Wunden dem göttlichen Kind hinhalten, können sie auch heilen. In Jesus Christus kommt das Paradies zurück auf unsere Erde. Wo Er wohnt, da ist alles heil, da kommen wir mit dem Ursprung in Berührung, mit der Harmonie, die im Paradies zwischen Himmel und Erde, zwischen Gott und Mensch, zwischen den Menschen und der Schöpfung, herrschte. So bringen alle drei Könige ihre Gaben dar und beten das Kind an. Indem sie anbeten und niederfallen, kommen sie ans Ziel ihrer langen Reise. Dort vor Maria mit dem göttlichen Kind auf dem Arm erfahren sie Heimat. Dort, wo das Geheimnis wohnt, können sie wahrhaft daheim sein.

4. DIE TAUFE JESU

 Nach der alten liturgischen Tradition wurde am 6. Januar nicht nur der Sterndeuter aus dem Orient gedacht, sondern auch der Taufe Jesu und der Hochzeit zu Kana. Heute feiert die Kirche das Fest der Taufe Jesu am Sonntag nach Epiphanie und beschließt damit die Weihnachtszeit, die früher bis Mariä Lichtmeß am 2. Februar dauerte. Auf dem Bild von Egino Weinert ist Jesus bis zur Hüfte in den Jordan gestiegen, während Johannes der Täufer auf dem Festland steht. Über Jesus, der hinabsteigt, öffnet sich der Himmel. Das ist das Paradox unseres christlichen Lebens. Durch Hinabsteigen steigen wir auf zu Gott. Indem Christus sich ganz tief in das Wasser des Jordan hineinsenkt, der von der Schuld der Menschen voll ist, geht über ihm der Himmel auf und eine Stimme erschallt: „Du bist mein geliebter Sohn, an Dir habe ich mein Wohlgefallen." Das ist auch das Geheimnis unserer Taufe. Da wird Wasser über ein Kind ausgegossen. Und während sich der Himmel über dem Kind öffnet, erfährt es in dem Satz: „Du bist mein geliebter Sohn, meine geliebte Tochter" bedingungslose Daseinsberechtigung.

Jesus steigt nackt hinab in den Jordan. Er hält nicht fest an seinem Gottsein. Er entäußert sich schon in der Taufe und wird solidarisch mit den Menschen, die sich dort im Jordan taufen lassen, um sich ihre Schuld abwaschen zu lassen. Jesus ist ohne Schuld. Aber indem er in den Jordan eintaucht, taucht er in die Sünde der Menschheit ein und nimmt sie auf sich. Die Hand Gottes, die aus dem Himmel erscheint, übergibt den Sohn den Menschen. Gott überliefert seinen geliebten Sohn in die Hände der Menschen. So ist das Tauchbad des Kreuzes schon vorgebildet, von dem Jesus bei Lukas spricht, daß er solange bedrückt ist, bis seine Taufe vollzogen ist (Vgl. Lk 12,50). Aber die geöffnete Hand Gottes übergibt Jesus nicht nur den Menschen, sie schenkt ihm auch den Heiligen Geist, damit er mit der Kraft des Heiligen Geistes gesalbt den Menschen die Frohe Botschaft von der heilenden und befreienden Nähe Gottes verkünde.

Aber das ist nur eine Ebene des Bildes. Die andere Ebene spricht vom Geheimnis der Hochzeit zwischen Gott und dem Menschen. Wenn Gott Mensch wird und sich mit uns verbindet, bekommt unser ganzes Leben einen neuen Geschmack. Es gibt zwei Paare, die hier dargestellt werden. Da sind Braut und Bräutigam und im Vordergrund Jesus und Maria. Die Braut hält die Hände wie zum Gebet verschränkt. Sie drückt damit aus, daß es ein heiliges Geschehen ist, auf das sie sich einläßt, daß Gott selbst sich mit ihr verbindet. Ihr weißer Schleier wird von 5 roten Rosen geschmückt. Fünf ist die Zahl des Menschen. 50, die Pentekoste, stellt die reife Frucht des Menschen dar. Erst wenn Gott sich mit dem Menschen verbindet, wird er zu dem Bild, das Gott sich von ihm gemacht hat.

Während Braut und Bräutigam in schwarzer und weißer Farbe dargestellt sind, verkörpern Jesus und Maria die beiden andern Grundfarben: blau und rot. Blau steht für die Sehnsucht nach dem Himmel, rot für die Liebe. In der Menschwerdung Gottes senkt sich Gottes Liebe in den Menschen, der sich in seiner Sehnsucht diesem Gott öffnet. Das verwandelt ihn und gibt seinem Leben einen neuen, einen süßen Geschmack. Wein erzeugt Rausch und Ekstase und läßt den Menschen darin mit Gott verschmelzen. Dionysos ist der Gott des Weines und des Rausches. An seinem Fest, dem 6. Januar, wurden 3 Krüge Wasser in den Tempel gestellt, damit der Gott sie in Wein verwandle. Johannes will uns mit seinem Evangelium zeigen, daß Christus die Sehnsucht erfüllt, die die Griechen in den dionysischen Festen ausdrückten: die Sehnsucht nach einem ganz neuen Leben, die Sehnsucht nach der Ekstase in Gott hinein, in der wir uns übersteigen und mit Gott verschmelzen.

Am 2. Februar feiert die Kirche das Fest der Darstellung Jesu im Tempel, früher unter Namen „Mariä Lichtmeß" bekannt. 40 Tage nach der Geburt mußte sich die Mutter nach jüdischem Brauch im Tempel reinigen lassen. Lukas verbindet diesen Brauch, für den ja nur die Mutter im Tempel erscheinen mußte, mit einem andern Ritus, mit der Weihe des erstgeborenen Kindes an Gott. Da Maria und Jesus arm waren, brachten sie zwei junge Tauben als Opfer dar. Sie konnten das sonst geforderte einjährige Lamm nicht aufbringen. Bei dieser Gelegenheit sind auch der greise Simeon und die Prophetin Hanna im Tempel. Beide weissagen über das Kind. Der Künstler drückt die Verheißung der beiden prophetischen Menschen in der Gebärde der erhobenen Hände aus. Der Priester nimmt das Kind von der Mutter entgegen, während Joseph die beiden Tauben im Käfig mit sich trägt.

Die Liturgie begrüßt den Herrn, der zu seinem Tempel kommt, um ihn mit seiner Herrlichkeit zu erfüllen, an diesem Fest mit brennenden Kerzen. Daß Christus zu seinem Tempel kommt, das ist hier auf dem Bild durch den Altar mit den vier Hörnern dargestellt. Was Sophronius von Jerusalem um das Jahr 600 zu diesem Fest predigt, das deutet unser Bild: „Wie die jungfräuliche Gottesmutter unbefleckt das wahre Licht auf den Armen trug und bei denen war, die in Finsternis und im Dunkel des Todes saßen, so wollen auch wir, von seinen Strahlen erleuchtet, in den Händen das Licht, das allen erscheint, dem entgegeneilen, der wahrhaft das Licht ist." Maria hält in dem göttlichen Kind das Licht in ihren Armen. Es erhellt die Dunkelheit der Menschen, die in den schwarzen Gewändern der beiden Propheten dargestellt ist. Es geht an diesem Fest für uns darum, daß wir Christus genauso umfangen, wie es Simeon getan hat. Dazu sollen wir, wie es in einer alten Antiphon heißt, unser Brautgemach schmücken, um Christus den König aufzunehmen und Maria als die himmlische Pforte wür-

dig zu empfangen. Indem wir das Bild betrachten, nehmen wir Christus in den Tempel unserer Seele auf und werden selbst zu einem himmlischen Brautgemach.

Als der greise Simeon das göttliche Kind in den Arm nimmt, stimmt er sein berühmtes Abendlied an, mit dem die Kirche die Komplet beschließt: „Nun läßt du, Herr, deinen Knecht, wie du gesagt hast, in Frieden scheiden. Denn meine Augen haben das Heil gesehen, das du vor allen Völkern bereitet hast, ein Licht, das die Heiden erleuchtet, und Herrlichkeit für dein Volk Israel." (Lk 2,29-32) Johann Sebastian Bach hat dieses Lied wunderbar vertont in seiner Kantate: „Ich habe genug. Ich habe den Heiland, das Hoffen der Frommen, auf meine begierigen Arme genommen; ich habe genug! Ich hab ihn erblickt, mein Glaube hat Jesum ans Herze gedrückt." Maria hält uns das Kind hin, damit wir es wie Simeon an unser Herz drücken und mit ihm singen können: „Ich habe genug."

Hinter Maria steht – nur halb sichtbar – die vierundachtzigjährige Witwe Hanna. Als Prophetin spricht sie über die Bedeutung des Kindes „zu allen, die auf die Erlösung Jerusalems warteten" (Lk 2,38). Jeder von uns - so will uns Hanna sagen - ist einmalig. Mit jedem hat Gott etwas Besonderes vor. Jeder soll Gott auf seine Weise in dieser Welt darstellen. Weihnachten entläßt uns mit diesem Fest in das Jahr. Es will uns jedes Jahr wieder von neuem in Berührung bringen mit dem unverfälschten Bild Gottes, das jeder von uns ist. Und es will uns jedes Jahr aufs neue einladen, unsere eigene prophetische Sendung zu leben, damit wir der Welt das Wort sagen, das Gott nur durch uns auf Erden vernehmbar machen kann.

II. DER OSTERFESTKREIS

1. JESUS IN GETHSEMANI

Nachdem Jesus mit den Jüngern das Paschamahl gegessen hatte, ging er mit ihnen zum Ölberg. Im Gebet ringt er mit dem Vater, daß der Kelch des Leidens an ihm vorübergehen möge. „Aber nicht mein, sondern dein Wille soll geschehen." (Lk 22,42) Jesus hat Angst vor dem, was ihm bevorsteht. Er konnte sich ausrechnen, daß die Juden ihn den Römern ausliefern würden. Und die würden ihn ans Kreuz schlagen. Jesus war auch als Gottes Sohn ganz und gar Mensch und mußte erst Gehorsam lernen, wie der Hebräerbrief es so ungeschützt sagt: „Obwohl er der Sohn war, hat er durch Leiden den Gehorsam gelernt." (Hebr 5,8) Lukas schildert, daß Jesus in seiner Angst inständig betete „und sein Schweiß war wie Blut, das auf die Erde tropfte." (Lk 22,44) Der Künstler hat die Getsemaniszene nach Lukas gestaltet. Da sind die Schweißtropfen zu Blut geworden. Da ist Jesus in seiner Angst dargestellt. Aber er ist auch bereit, den Kelch entgegenzunehmen, den der Engel ihm anbietet. Es ist nicht nur der Kelch des Leidens, den er im Gehorsam gegenüber dem Vater austrinken wird. Es ist auch der Kelch der Stärkung, wie ihn Lukas versteht: „Da erschien ihm ein Engel vom Himmel und gab ihm neue Kraft." (Lk 22,43)

Während Jesus im Gebet mit dem Vater ringt und vom Engel gestärkt wird, sind die Jünger eingeschlafen. Über ihnen wölbt sich auf dem Bild eine Höhle. Sie haben sich in die Höhle des Schlafes zurückgezogen. Sie wollen nichts hören und sehen. Mitten in der höchsten Not ihres Meisters fliehen sie in den Schlaf. Der Schlaf ist hier auf dem Bild wie ein Mutterschoß dargestellt, in dem man sich bergen kann und geschützt ist vor der Härte des Lebens. So sehr uns Gott den Schlaf als Eintauchen in seinen göttlichen Mutterschoß gönnt, hier ist er fehl am Platz. Dort, wo ein Mensch leidet, dürfen wir die Augen nicht vor seiner Angst und Pein verschließen. Aber so wie die drei Jünger machen wir es wohl auch immer wieder. Der Künstler hat die Jünger durchaus mit sympathischen

 Der Kreuzweg ist eine beliebte Andachtsform der Volksfrömmigkeit geworden. In den 14 Stationen, die so nicht alle in der Bibel stehen, meditiert das Volk die Passion Jesu und bezieht sie auf sich selbst. Es sind 14 Stationen des Leidens, so wie es 14 Nothelfer gibt. Offensichtlich muß zweimal die heilige Zahl 7 durchschritten werden, damit Mann und Frau in gleicher Weise die Heilung ihrer Wunden erfahren. Und es sind archetypische Bilder des Leidens, die in diesen 14 Kreuzwegstationen meditiert werden. Egino Weinert spürt in seiner Spiritualität neben einer tiefen Verbundenheit mit der liturgischen Tradition auch eine große Nähe zur Volksfrömmigkeit. Daher hat er gerne den Kreuzweg dargestellt. Wir können nur zwei Stationen aus diesen 14 Stationen herausgreifen.

Daß Jesus auf seinem Kreuzweg Veronika begegnet, steht nicht in der Heiligen Schrift. Es ist eine alte Legende. Aber Legenden drücken oft eine tiefe Wahrheit aus. Während die Jünger aus Angst vor den Juden und der römischen Besatzungsmacht fliehen, sind es mutige Frauen, die Jesus auf seinem letzten Weg begleiten. Als einziger Evangelist berichtet uns Lukas, daß Jesus auf seinem Weg durch die Dörfer Galiläas nicht nur von seinen zwölf Jüngern begleitet wurde, sondern auch von einigen Frauen, die er geheilt hatte und die ihn mit ihrem Vermögen unterstützten. Veronika war offensichtlich eine aus diesen Frauen, die Jesus überallhin nachfolgten. Sie ist nicht geflohen. Sie durchbricht die Front der römischen Soldaten, die Jesus antreiben, sein Kreuz nach Golgotha zu schleppen. Der Künstler hat die Soldaten mit Helmen dargestellt, die an die militärische Uniform erinnern, wie sie heute üblich ist. Veronika ist als Frau ohnmächtig gegenüber der geballten militärischen Macht, in deren Maschinerie Jesus geraten ist. Aber sie gibt sich nicht mit ihrer Ohnmacht ab. Sie tut das, was sie kann. Sie wagt sich durch die Menge hindurch. Sie achtet nicht auf die

Zügen dargestellt. Der mittlere Jünger stützt seinen müden Kopf offensichtlich auf zum Gebet gefaltete Hände. Er hat also auch gebetet und ist betend eingeschlafen. Sein Beten hat ihn nicht wachgerüttelt, hat ihm nicht die Augen geöffnet. Er hat sich im Beten vielmehr eingelullt. Er hat sich etwas vorgemacht. Er wollte sich betend beruhigen, um die Augen verschließen zu können vor der harten Wirklichkeit, die ihn umgibt. Der Jünger im blauen Gewand hat sich nachsinnend zurückgelehnt. Er hat nachgedacht. Aber sein Nachdenken wurde zu einem Dösen, über dem er eingeschlafen ist. Er wollte sich der Realität nicht stellen. Beim dritten Jünger fällt der Kopf nach vorne. Er sackt in sich zusammen. Er vergräbt sich in sich selbst und in seine Grübeleien, die nicht weiterführen.

So muß Jesus alleine wachen und beten. Er spürt seine Einsamkeit inmitten seiner Jünger. Er hat Angst vor dem Kelch, den er trinken muß. Und er fühlt seine Ohnmacht, sich selber helfen zu können. Betend ergibt er sich dem Vater. Und so erfährt er mitten in der Angst Befreiung und Vertrauen. „Er ist erhört und aus seiner Angst befreit worden." (Hebr 5,7) Jetzt kann er Ja sagen zu seinem Leiden und Sterben. Jetzt kann er aufstehen und voll Vertrauen in den Tod gehen, der ihn zum Leben führt und uns die Erlösung bringt. Jetzt ist er bereit, sich für uns hinzugeben, damit wir das Leben haben und damit wir es in Fülle haben (Vgl. Joh 10,10).

3. JESUS FÄLLT UNTER DEM KREUZ

 Der Kreuzweg kennt drei Stationen, in denen Jesus zur Erde fällt. Offensichtlich liebt das Volk dieses Bild, daß Jesus ohnmächtig zu Boden fällt, daß er nicht nur einmal, sondern immer wieder fällt. Es ist ja auch unsere Erfahrung, daß wir trotz aller Anstrengung immer wieder fallen. Unsere Vorsätze sind keine Garantie dafür, daß wir nun über die Sünde endgültig siegen werden. Trotz aller Versprechungen, die wir Gott und den Menschen machen, erleben wir immer wieder schmerzlich, daß wir fallen, daß wir versagen. Unser ganzes Lebensgebäude, das wir mühsam aufgebaut haben, stürzt über uns zusammen. Wir können uns noch so oft vornehmen, die Zähne zusammen zu beißen und mannhaft gegen unsere Fehler zu kämpfen. Wir müssen uns doch eingestehen, daß wir wieder gefallen sind. Da ist es tröstlich, im Kreuzweg diese drei Stationen zu meditieren, in denen Jesus unter der Last seines Kreuzes zu Boden fällt, zum ersten Mal, zum zweiten Mal und zum dritten Mal.

Auf unserem Bild fällt Jesus mit dem Gesicht auf die Erde. Ganz tief muß er sich beugen unter der Last des Kreuzes. Obwohl ihm Simon von Cyrene behilflich ist, sein Kreuz zu tragen, fällt er dennoch. Selbst der kräftige Simon kann ihn nicht davor bewahren, daß er zusammenbricht. Aber Simon überläßt ihn nicht einfach seiner Schwäche. Er versucht auf dem Bild, Jesus wieder aufzuhelfen, während im Hintergrund ein Soldat unbeteiligt zusieht. Er hält eine weiße Rolle in der Hand, offensichtlich den Befehl, dem er blindlings folgt. Zu allen Zeiten mußten Menschen leiden, weil Soldaten und Schergen sich hinter ihren Befehlen versteckt haben. Die Berufung auf den Befehl hat ihr Herz verhärtet und ihre Gefühle abgeschnitten. Nur weil sie sich gefühllos gemacht haben, konnten sie zuschauen, wie Menschen vor ihren Augen zugrunde gingen. Mit der weißen Befehlsrolle in der Hand fühlt sich der Soldat unschuldig. Er hat ein reines Gewissen. So pervers kann die Berufung auf den Befehl sein, möchte uns der Künstler mit dieser weißen Rolle vor Augen halten.

Soldaten, die sie von Jesus fernhalten wollen. Sie geht auf Jesus zu und reicht ihm ein großes weißes Tuch, damit er seinen Schweiß abwischen kann. Sie wagt in der harten Welt der Soldaten eine Geste des Mitleids. Und sie wird belohnt.

Jesus wischt sich den Schweiß vom Gesicht und gibt Veronika ihr Tuch zurück. Sein Antlitz ist darin eingeprägt. Jesus lohnt dieser mutigen Frau ihre barmherzige Geste. Er schenkt ihr sein Antlitz, damit die Liebe, die darin aufleuchtet, sie nun auf ihren Wegen überall hin begleite. Das Schweißtuch wird für Veronika Erinnerung sein, daß sie Jesus auf seinem Kreuzweg begegnet ist und daß er selbst in seiner äußersten Not noch ein Liebender war. Jesu Antlitz wurde im Leiden nicht hart und bitter, sondern zärtlich und gütig und mild. In seinem Antlitz erkennt Veronika den Sieg der ohnmächtigen Liebe über den Haß der Mächtigen. Und sie glaubt dieser Liebe, die auch unser Leid zu wandeln vermag in den Weg liebender Hingabe an Gott und an die Menschen. Veronika steht für alle Menschen, die den Mut haben, gegen die Gewalt der Mächtigen die Kraft zärtlicher Liebe zu setzen. Und sie ist für uns Zeichen der Hoffnung, daß die Liebe stärker ist als die Gewalt und daß die Spuren der Liebe alles Tun der Mächtigen überdauern.

Hinter Simon stehen drei Männer, offensichtlich Schriftgelehrte und Pharisäer. Auch hier hält einer eine weiße Rolle in der Hand. Es ist nicht die Befehlsrolle, sondern die Heilige Schrift. Er beruft sich auf die Bibel und handelt doch ganz und gar gegen ihren Geist. Auch das ist heute nicht anders. Viele Fromme handeln brutal an andern und meinen noch, es im Auftrag Gottes tun zu müssen. Da stoßen sie andere aus ihrer Gemeinschaft aus und berufen sich dabei auf Gott. Da entrüsten sie sich über den Fall der andern und glauben, dadurch den Willen Gottes hochzuhalten. Der Mann am linken Bildrand hält einen Stab in der Hand. Er ist offensichtlich ein Führer, einer, der andere leiten und führen sollte. Aber hier führt er nicht. Im Gegenteil, er hält sich an seinem Stab fest. Weil sich viele nur an ihrer Position festhalten, gehen in ihrer Nähe Menschen zugrunde. So zeigt uns diese Kreuzwegstation die Situation unserer Welt, in der zahllose Menschen gebeugt und niedergedrückt werden, weil sich soviele hinter irgendwelchen Befehlen, hinter heiligen Schriften und hinter ihrer Stellung verstecken. Menschen brechen zusammen, weil soviele ihre Hände an ihrer Rolle festklammern und sie so nicht frei haben zum Helfen. Es bräuchte mehr Menschen wie den Simon, der mit beiden Händen zupackt, um Jesus wieder aufzuhelfen.

Jesus, der immer wieder fällt, will uns davor bewahren, daß wir uns selbst verurteilen, wenn wir fallen. Wir dürfen fallen. Und wir werden immer wieder fallen. Wir können für uns nicht garantieren. Es kommt einzig darauf an, daß wir nicht liegen bleiben, sondern wieder aufstehen, daß wir uns von Christus wieder aufrichten lassen.

Nur der Evangelist Johannes berichtet uns, daß Maria, die Mutter Jesu, und der Jünger, den Jesus liebte, unter dem Kreuz standen: „Als Jesus seine Mutter sah und bei ihr den Jünger, den er liebte, sagte er zu seiner Mutter: Frau, siehe, dein Sohn! Dann sagte er zu dem Jünger: Siehe, deine Mutter! Und von jener Stunde an nahm sie der Jünger zu sich." (Joh 19,26f) Über den Sinn dieser Worte Jesu haben sich die Exegeten und Theologen seit Jahrhunderten Gedanken gemacht. Vermutlich steht Maria hier für alle Glieder des alttestamentlichen Gottesvolkes, die den Messias erwarten. Und der Jünger, den Jesus liebt, steht für den Garanten der Jesusüberlieferung, für alle, die an Jesus glauben. Auf jeden Fall dürften die Worte Jesu mehr beinhalten als eine rein menschliche Sorge für seine Mutter. Jesus will alle, die an ihn glauben, mit der Mutter verbinden, aus deren Schoß er geboren wurde und aus deren Schoß alle Christen kommen. Es ist nicht nur der Schoß seiner persönlichen Mutter, sondern der Schoß des gläubigen Israels, dem die Verheißungen gelten. Johannes erzählt von Maria nur am Beginn des Wirkens Jesu, als sie Jesus auffordert, Wasser in Wein zu verwandeln. Jetzt unter dem Kreuz ist sie wieder die Mutter der Verwandlung, die Zeugin dafür, daß aus Jesu geöffneter Seite Blut und Wasser strömen und darin der Geist Gottes ausgegossen wird über uns alle. Maria ist Mutter und Zeugin dieser Verwandlung, die durch Jesus Christus Gott an uns allen wirken möchte, daß göttliches Leben in uns einströmt und unserem Leben einen neuen Geschmack verleiht.

Johannes stellt den vier Soldaten, die Jesu Kleider unter sich aufteilen, vier Frauen gegenüber, die unter dem Kreuz stehen. So wie das Kreuz in die vier Himmelsrichtungen weist, sind es auch vier Frauen, die das Wort Jesu gläubig aufgenommen haben und ihm die Treue bis in den Tod bewahren. Unter diesen vier Frauen wendet sich Jesus besonders seiner Mutter zu. Und in einer feierli-

5. DIE KREUZIGUNG

 Egino Weinert hat zahlreiche Kreuze gestaltet. Er hat dabei die reiche christliche Tradition für uns heute lebendig werden lassen, die das Kreuz in verschiedenster Weise darstellt: als Lebensbaum, als Triumphkreuz, als Gnadenstuhl, als Segenskreuz. Aus den vielen Darstellungen habe ich nur ein Kreuz ausgesucht, das für mich die biblische Kreuzestheologie am deutlichsten ausdrückt. Jesus ist hier nicht so sehr als Leidender und Sterbender dargestellt, sondern als Liebender. Es ist nicht der Todeskampf, um den es dem Künstler in seinen Kreuzesdarstellungen geht, sondern die Liebe, die sich am Kreuz für uns alle hingibt. Jesus hängt hier nicht schmerzerfüllt am Kreuz, sondern er ist hier fast tänzerisch dargestellt, wie er sich den Menschen öffnet und ihnen seine Liebe ausgießt. Das Blut, das aus seiner Seite und aus seinen Händen und Füßen heruntertropft, ist Ausdruck seiner Liebe, die er im Tod auf alle Menschen strömen läßt. So hat es Johannes verstanden und so versteht es diese Kreuzesdarstellung.

Nach dem Johannesevangelium konnte Jesus während seines Lebens nur die heilen und mit seiner Liebe aufrichten, denen er leibhaft begegnet ist. In seinem Tod am Kreuz wurde seine Liebe entgrenzt. Blut und Wasser, die aus Jesu geöffneter Seite strömen, sind für Johannes Zeichen für den Heiligen Geist, der nun allen Menschen mitgeteilt wird. Wer diesen Geist empfängt, in dem wird er selbst zum Strom lebendigen Wassers, zu einer Quelle der Liebe, die in ihm sprudelt, ohne je zu versiegen. So sagt es Jesus selbst: „Aus seinem Inneren werden Ströme von lebendigem Wasser fließen. Damit meinte er den Geist, den alle empfangen sollten, die an ihn glauben; denn der Geist war noch nicht gegeben, weil Jesus noch nicht verherrlicht war." (Joh 7,38f) Der Heilige Geist, den Jesus gibt, ist zugleich auch der Geist seiner Liebe, die er den Jüngern bis zuletzt erweist. Am Ostersonntag haucht Jesus seine Jünger an und schenkt ihnen seinen Geist.

chen Formel übergibt er ihr den Jünger, den er liebt, übergibt er ihr uns alle, die er liebt und die seiner Liebe ihr Leben verdanken. Auf unserem Bild sind sowohl Maria als auch der Lieblingsjünger betend dargestellt. Maria betet mit erhobenen Händen, so wie die Orante in den Katakomben. Die offenen Hände sind bereit, Gottes Liebe und Gnade zu empfangen. Maria ist hier die empfangende Frau. So wie sie in ihrer Geburt offen war für das Wort Gottes, so daß sie davon schwanger wurde, so ist sie jetzt unter dem Kreuz offen für die Liebe, die Jesus den Seinen bis zur Vollendung erweist. Auch für uns ist es angemessen, wie Maria mit ausgebreiteten offenen Händen unter dem Kreuz zu stehen. Es ist die Gebetsgebärde, die der Haltung Jesu am Kreuz entspricht. In ihr öffnen wir uns der Liebe Gottes, die aus dem geöffneten Herzen Jesu in uns einströmen möchte, um uns zu vergöttlichen und zu verwandeln.

Der Lieblingsjünger betet, indem er die Hände verschränkt. Diese Gebärde drückt eine andere Weise des Betens aus: Beten als Ringen mit Gott, so wie Jesus am Ölberg mit dem Vater gerungen hat. Beide Pole gehören zu uns als Christen: die empfangende Haltung Marias und die kämpfende Gebärde des Jüngers, den Jesus liebte. Wir müssen immer wieder die Hände öffnen, damit wir die Liebe in uns eindringen lassen, die uns im Kreuz in ihrer Vollendung begegnet. Und wir müssen aus dieser Liebe heraus in die Welt gehen und mit dieser Welt kämpfen, damit die Liebe, die wir empfangen haben, immer mehr den Sieg über allen Haß erringt und sich in unserer Welt durchsetzt. Der Tod Jesu am Kreuz ist für Johannes – und auch für Egino Weinert hier auf diesem Bild – nicht Sühne und Opfer, sondern Ausdruck der äußersten Liebe Gottes: „Da er die Seinen, die in der Welt waren, liebte, erwies er ihnen seine Liebe bis zur Vollendung." (Joh 13,1)

Maria, die ihren toten Sohn im Schoß hält, war im Mittelalter ein beliebtes Thema für die Künstler. Man nannte diese Bilder Vesperbilder, da man am Karfreitag zur Zeit der Vesper der Kreuzabnahme und Beweinung Jesu gedachte, oder Pietá nach dem italienischen Wort für Frömmigkeit. Sie sind vor allem im süddeutschen Bereich im 14. und 15. Jhd. sehr beliebt geworden. Sie entstanden in Zeiten, in denen die Menschen von großen Nöten heimgesucht wurden, von der Pest, die in Europa wütete, oder von Kriegen, die die jungen Menschen hinwegraffte. Im Bild der Pietá konnten die Menschen die eigenen Schmerzen anschauen. Und im Anschauen konnten sich die Schmerzen verwandeln. Vor allem aber wurde in diesen Bildern der grausame Tod in einer Weise gedeutet, die den Menschen Trost zu spenden vermochte. Im Tod, so zeigt uns die Pietá, sterben wir nicht in das Dunkle und Fremde hinein. Der Tod ist nichts Grausames, sondern er ist eine Neugeburt. Wir werden im Tod in Gottes mütterliche Arme hineinsterben. So wie Maria ihren toten Sohn liebevoll umfängt, so werden uns Gottes mütterliche Arme in unserem Tod zärtlich aufnehmen. Wir werden Gott als unserer Mutter begegnen, die uns im Tod neu gebiert, so daß wir nie mehr sterben werden.

Auf unserem Bild hält Maria den Leichnam Jesu, dessen Arm schlaff herunter hängt, auf ihrem Schoß. So wie sie das Kind auf dem Schoß getragen hat, trägt sie nun den Toten. Mit ihrem linken Arm umfängt sie liebevoll den nackten Leichnam. Ihre rechte Hand hält sie erhoben. Es ist, als ob sie das Unverständliche, daß ihr Sohn, daß der Messias, der Sohn Gottes, tot ist, Gott hinhält. Ihre Hand weist in Richtung auf Gott. Gott allein wird wissen, wozu das gut ist. Er allein wird den Sinn dieses Todes kennen. Sie kann nur verstummen vor dem Unerklärlichen. Aber es ist kein Verstummen aus Protest gegen den Gott, der solches zugelassen hat. Vielmehr ist es ein stilles Einverstandensein mit dem

Der Heilige Geist ist also Jesu persönlicher Geist, Jesu Art zu lieben, auf Menschen zuzugehen, Menschen aufzurichten und zu heilen.

Egino Weinert hat diese johanneische Theologie auf unserem Bild dadurch ausgedrückt, daß er von oben einmal die Hand des Vaters zeigt, die den Sohn den Menschen hingibt, und dann den Heiligen Geist, der in Gestalt der Taube herabkommt. Die offene Hand des Vaters zeigt, daß Gott seinen Sohn uns Menschen schenkt, damit wir, die lebensunfähig und liebesunfähig waren, von seiner Liebe verwandelt werden. So hat es Johannes in seinem Evangelium verstanden, wenn er schreibt: „Gott hat die Welt so sehr geliebt, daß er seinen einzigen Sohn hingab, damit jeder, der an ihn glaubt, nicht zugrunde geht, sondern das ewige Leben hat." (Joh 3,16) In seinem Sohn schenkt Gott uns das Liebste, das er hat, schenkt er sich selbst. Im Kreuz wagt Gott sich in die äußerste Finsternis des Menschen, um sie mit seinem Licht zu erhellen. Da beugt er sich hinab zu uns Menschen, um uns unsere Füße zu waschen, um uns an unserer verwundbarsten Stelle zu berühren und zu heilen, an der Stelle unserer Sterblichkeit. So ist das Kreuz kein grausames Bild, sondern ein Bild äußerster Liebe. Der Blick auf Jesus am Kreuz will uns befähigen, an die Verwandlung unseres Todes in ein Tor zur Liebe Gottes zu glauben. Und die Meditation des Kreuzes will uns die Liebe Gottes in unser Herz einprägen, so daß wir fähig werden, unsere Brüder und Schwestern so zu lieben, wie Christus uns geliebt hat.

geheimnisvollen Willen Gottes. Sie kann es nicht verstehen. Aber sie nimmt es schweigend an, im Vertrauen, daß Gott auch diesen Tod in einen Weg zum Leben verwandeln kann. Aber es braucht ein langes Schweigen, um sich in das Geheimnis dieses Todes hinein zu meditieren. Da nützen alle theologischen Erklärungsversuche nichts. Da muß der Schmerz ausgehalten werden, bis er sich ganz zart und langsam verwandelt. Und da muß das Schweigen ausgehalten werden, bis sich allmählich der Sinn erschließt.

Auch das Wissen um die Auferstehung nimmt uns nicht die Trauer um den Tod eines lieben Menschen. So ist das Gesicht Marias voller Trauer und Schmerz. Nur die zu Gott hinweisende Hand läßt die Hoffnung auf den Gott erahnen, „der die Toten lebendig macht und das, was nicht ist, ins Dasein ruft" (Röm 4,17). So will uns dieses Bild mitten in unserer Trauer um liebe Menschen, die gestorben sind, trösten und uns Hoffnung und Zuversicht schenken, daß Gott sie im Tod in seine liebende Arme aufgenommen hat. Wie Maria sollen wir die von uns geliebten Toten Gott hinhalten, damit er sie in seine Herrlichkeit aufnehmen möge. Wie Maria dürfen wir trauern über den Verlust des geliebten Menschen. Aber mit Maria dürfen wir auch darauf vertrauen, daß Gott ihn in der Auferstehung mit einem himmlischen Leib bekleiden wird.

Das Bild der Pietá will uns die Angst vor dem eigenen Sterben nehmen. Indem wir auf den toten Jesus im Schoß Mariens schauen, machen wir uns vertraut mit dem eigenen Sterben. Und wir meditieren uns in den Glauben hinein, daß wir im Tod in Gottes mütterlichen Schoß hineinsterben werden. Und Gott wird uns genauso zärtlich umarmen, wie Maria ihren toten Sohn umfaßt. Der Tod wird nicht grausames Ende sein, sondern Neugeburt. Und wie bei unserer leiblichen Geburt werden uns mütterliche Arme zärtlich umfangen.

7. DIE AUFERSTEHUNG JESU

Jesus steigt aus dem dunklen Grab empor. Mit großer Leichtigkeit verläßt er das Grab und hält seine durchbohrten Hände in der Gebetshaltung der Orante. Gott selbst ist es, der ihn auferweckt und ihn nach oben zieht. Das drücken diese nach oben geöffneten Hände aus. Mit der Dunkelheit des Grabes knüpft Egino Weinert an die Tradition der Ikonenmaler an. Auf ihrer Osterikone tritt Jesus aus dem Totenreich nach oben und nimmt die Toten an der Hand, um sie zum Leben heraufzuführen. Im Tod ist Jesus eingetaucht in die äußerste Finsternis der Unterwelt, in der nach jüdischer Tradition die Toten wohnen. In seinem Tod ist Jesus auch in mein Grab hineingestiegen, in mein Schattenreich, in der all das Tote und Verdrängte liegt, das ich vom Leben ausgeschlossen habe, weil es meinen Vorstellungen nicht entspricht. In der Auferstehung öffnet Jesus mein Grab. Und so kann das Licht des Auferstandenen auch in die Dunkelheit meines Grabes eindringen und sie erleuchten. Und mit seinen erhobenen Händen lädt der auferstandene Herr auch mich ein, aus dem Grab meiner Angst und Resignation, aus dem Grab meiner Traurigkeit und Dunkelheit aufzustehen.

Jesus zeigt den drei Frauen, die verwundert am rechten Bildrand stehen, seine verklärten Wunden und das Licht, das ihn umstrahlt. Die drei Frauen waren, wie die Evangelisten berichten, in aller Frühe mit wohlriechenden Salben zum Grab gekommen und wollten damit den Leichnam Jesu einbalsamieren. Jetzt halten sie ihre Gefäße mit den Salben an sich und schauen staunend auf den auferstandenen Herrn. Die erste Frau öffnet die rechte Hand zu Christus hin, gleichsam als wollte sie damit ausdrücken, daß sie bereit ist, das unerklärliche Geheimnis der Auferstehung anzunehmen. In den Gesichtern der Frauen spiegelt sich nicht nur staunendes Bewundern, es sind auch schon die ersten Spuren des Glaubens zu erkennen. Nach allen Evangelisten waren es ja die Frauen, die als erste an die Auferstehung glaubten und dem Auferstandenen begegnen durf-

 Johannes berichtet uns die wunderbare Begegnung von Maria Magdalena mit dem Auferstandenen. Frühmorgens, „als es noch dunkel war" (Joh 20,1), macht sie sich auf den Weg, um zum Grab zu gehen, um Jesus den letzten Dienst der Liebe zu erweisen und seinen Leichnam zu salben. Johannes schildert diesen Aufbruch von Maria Magdalena in ähnlichen Worten wie das Hohelied der Liebe: „Des Nachts auf meinem Lager suchte ich ihn, den meine Seele liebt. Ich suchte ihn und fand ihn nicht. Aufstehen will ich, die Stadt durchstreifen, die Gassen und Plätze, ihn suchen, den meine Seele liebt." (Hoh 3,1f) Es ist eine Liebesgeschichte, dieses Aufbrechen von Maria Magdalena am frühen Morgen. Jesus hatte aus ihr sieben Dämonen ausgetrieben. Er hatte ihr neues Leben geschenkt. Sie, die sich selbst aufgegeben hatte in ihrer Zerrissenheit, war in Jesus einem Menschen begegnet, der sie vorbehaltlos annahm, der sie befreite von allen Selbstvorwürfen, der ihr ihre Würde als Frau wiedergab. Der einzige, der sie nicht verurteilte, der an sie glaubte, er hat in ihr eine tiefe Liebe geweckt. In dieser Liebe macht sie sich frühmorgens auf und sucht den, „den ihre Seele liebt".

Als sie das leere Grab sieht, läuft sie zu Simon Petrus und den Lieblingsjünger, um ihnen zu sagen: „Man hat den Herrn aus dem Grab weggenommen, und wir wissen nicht, wohin man ihn gelegt hat." (Joh 20,2) Petrus und Johannes laufen um die Wette. Johannes kommt früher an, läßt aber Petrus den Vortritt. Beide sehen das leere Grab. Petrus sieht und versteht nicht. Johannes, der Lieblingsjünger, der ein Herz hat, glaubt. Das liebende Herz kann an die Auferstehung glauben. Aber Johannes glaubt nur in seinem Herzen. Das genügt ihm und er kehrt mit Petrus wieder in die Stadt zurück, ohne dem Auferstandenen zu begegnen. Maria von Magdala aber kann sich nicht von dem leeren Grab trennen. Sie muß weinend ihrer Trauer Ausdruck geben. Sie ist untröstlich, daß ten. Lukas berichtet uns, daß die Männer den Bericht der Frauen von der Auferstehung Jesu für Geschwätz hielten und ihnen nicht glaubten (Vgl. Lk 24,11). Aber die Frauen trauten dem, was sie selbst erfahren hatten, und wurden so die ersten Zeugen für die Auferstehung. Mit ihrem liebenden Herzen standen sie offensichtlich dem Geheimnis der Auferstehung näher als die Männer, die nur ihrem Verstand trauten. Der Verstand konnte sich nicht vorstellen, daß da ein Toter auferstehen würde. Die Liebe weiß, daß es Auferstehung gibt. Denn „stark wie der Tod ist die Liebe". So sagt es uns das Hohelied (Hoh 8,6). Die Liebe übersteigt den Tod. Einen Menschen lieben heißt, ihn ewig lieben. In der Liebe ist die Ahnung, daß wir nie aus dieser Liebe herausfallen werden. So vertrauen die drei Frauen darauf, daß die Liebe, die sie von Jesus erfahren haben, nicht sterben kann. Daher können sie auch glauben, als sie den Herrn, der sie mit seiner Liebe zum Leben erweckt hat, nun aus dem Grab steigen sehen.

Auf der linken Seite knien parallel zu den drei Frauen drei Soldaten mit ihren Lanzen. Sie sind gerade vom Schlaf erwacht und halten sich die Hände vor die Augen. Sie reiben sich verwundert die Augen, ob das denn wahr sei, was sie da sehen. Sie können es nicht verstehen. Und dennoch bekennen sie mit ihrer knienden Haltung, daß sich vor ihren Augen ein geheimnisvolles Geschehen abspielt, das ihren Verstand übersteigt. Es bleibt ihnen nichts anderes übrig, als vor diesem Geheimnis niederzuknien und es anzubeten. So werden sie gegen ihren Willen doch zu Zeugen und Bekennern der Auferstehung. Und sie laden uns ein, unsern Verstand beiseite zu lassen und glaubend zu bekennen: „Der Herr ist wahrhaft auferstanden. Halleluja."

man ihren Herrn, den, „den ihre Seele liebt", weggenommen hat. Selbst als sie im Grab die zwei Engel in weißen Gewändern sitzen sieht, kann das ihre Trauer nicht auflösen. Ja, ihre Tränen lassen sie Jesus nicht erkennen, der ihr begegnet, als sie sich umdreht. Sie meint, es sei der Gärtner. Erst als Jesus sie anspricht „Maria", da erkennt sie den, den ihre Seele liebt. Da fällt sie vor ihm nieder und sagt: „Rabbuni!". In diesem Wort der Liebe „Maria" erkennt sie den Auferstandenen. Auferstehung heißt für sie den Sieg der Liebe über den Tod. Der, „den ihre Seele liebt", er lebt, er ist auferstanden von den Toten.

Diese Szene der Begegnung mit dem Auferstandenen hat Egino Weinert dargestellt. Maria von Magdala fällt auf die Knie und spricht ihr Wort der Liebe „Rabbuni". Die linke Hand hält sie aufs Herz, damit es nicht vor Liebe zerspringt. Im Hintergrund schauen auf dem linken Bildrand die beiden Frauen zu, die ihre Salbgefäße tragen, um den Leichnam Jesu zu salben. Rechts ist klein der Auferstehungsengel dargestellt, den Maria von Magdala zuerst gesehen hat, als sie ins Grab schaute. Die Hand des Auferstandenen weist auf die drei Kreuze im Hintergrund. Das Kreuz in der Mitte, an dem Jesus gestorben ist, ist mit einem weißen Tuch geschmückt. Der Auferstandene ist immer auch der Gekreuzigte. Er trägt die Wunden weiter an seinem verklärten Leib. Wer dem Auferstandenen begegnen will, muß auch Ja sagen zu dem Kreuz, das vor der Auferstehung steht und das auch auf uns wartet, bevor wir mit Christus auferstehen werden.

9. DIE EMMAUSJÜNGER

 Nur Lukas erzählt uns die schöne Geschichte von den Emmausjüngern. Aus Enttäuschung darüber, daß der, auf den sie alle Hoffnung gesetzt haben, machen sie sich auf den Weg nach Emmaus. Sie fliehen vor dem Ort ihrer Hoffnungslosigkeit. Aber sie reden immerhin noch miteinander über den Grund ihrer Enttäuschung. Sie behalten ihre Gefühle nicht für sich, sie tauschen sie aus. Das ist der Grund, daß sich Jesus ihnen zugesellen und sich in ihr Gespräch einschalten kann. Der, auf den sie gehofft hatten, den haben sie ans Kreuz geschlagen. All ihre Vorstellungen vom Reich Gottes, das durch Jesus kommen sollte, sind durchkreuzt worden. Jetzt können sie nur noch davonlaufen und in ihre Heimat zurückkehren. Aber Jesus deutet ihnen ihre Erfahrungen anders. Von der Schrift aus erklärt er ihnen, daß alles so geschehen mußte. Der Schlüssel, mit dem sie die Ereignisse der vergangenen Tage verstehen können, ist der Satz: „Mußte nicht der Messias all das erleiden, um so in seine Herrlichkeit zu gelangen?" (Lk 24,26) Es wäre auch ein Schlüssel, um die eigene Lebensgeschichte zu verstehen: Mußte es nicht so mit mir geschehen, damit es gut wird mit mir, damit ich die Illusionen, die ich mir über mein Leben gemacht habe, aufgebe und in die doxa, in die Gestalt komme, die Gott mir zugedacht hat? Die Bilder, die ich mir von meinem Leben gemacht habe, mußten zerbrechen, damit die Herrlichkeit Gottes an mir offenbar werden kann. Wenn ich mit diesem Schlüssel mein Leben anschaue, werde ich einverstanden sein mit allem, was geschehen ist. Ich kann daran glauben, daß alles Kreuz nur der Durchgang zur Auferstehung ist, zum wahren Leben mit Jesus Christus, das ich jetzt erleben darf.

Als die Jünger mit Jesus in das Dorf kommen, bitten sie ihn, bei ihnen zu bleiben: „Denn es wird bald Abend, der Tag hat sich schon geneigt." (Lk 24,29) Sie möchten das Licht, das sie auf dem Weg bei sich gespürt haben, nun auch bei sich haben, wenn es Nacht wird, wenn die Dunkelheit sich wieder ihres Herzens bemächtigt. Jesus geht mit, „um bei ihnen zu bleiben. Und als er mit

ihnen bei Tisch war, nahm er das Brot, sprach den Lobpreis, brach das Brot und gab es ihnen. Da gingen ihnen die Augen auf, und sie erkannten ihn." (Lk 24,39ff) Ihr Herz hatte schon gebrannt, als ihr Begleiter ihnen unterwegs den Sinn der Schrift erschlossen hatte. Jetzt gehen ihnen die Augen auf. Lukas schildert das Brotbrechen mit den gleichen Worten, mit denen er das letzte Abendmahl, die Eucharistie, beschrieben hat. Für ihn heißt Eucharistie, daß der Auferstandene selbst unter uns ist, den Vater lobpreist, für uns das Brot bricht und sich selbst uns im Brot schenkt. Und indem wir füreinander das Brot brechen, sollten auch uns die Augen aufgehen, damit wir den Auferstandenen mitten unter uns erkennen. Aber wir können ihn nicht festhalten. Sobald ihn die Jünger erkannten, verschwand er ihren Blicken. Der Auferstandene ist unverfügbar, immer nur dem Blick des Glaubens erkennbar.

Egino Weinert hat die eucharistische Deutung, die Lukas dem Mahl mit den Emmausjüngern gibt, bestärkt, indem er zum Brot auch den Kelch darstellt. Das Blut im Kelch entspricht dem Blut, das in der Seite des auferstandenen Jesus sichtbar wird. In der Eucharistie, so will der Künstler gemeinsam mit dem Evangelisten uns sagen, schenkt sich uns der Auferstandene aufs neue. Er schenkt sich uns im Brot, das uns stärkt, und im Wein, der unser Herz erfreut. Er schenkt sich uns als der, der sich für uns zerbrechen ließ, damit wir nicht zerbrechen an unserem Leben, als der, der für uns gebrochen wurde, um das Gebrochene in uns zu heilen und zu verbinden. Und er schenkt sich uns als der, der sein Herzblut für uns ausgießt, der seine Liebe auf uns strömen läßt, damit wir daraus trinken. Jesus ist im roten Gewand dargestellt, im Kleid der Liebe. Der Jünger im blauen Gewand richtet seine Hand zum Himmel. Er wird in der Begegnung mit dem Auferstandenen in seiner Sehnsucht nach dem Himmel bestärkt. Der Jünger im grünen Gewand hält die Hände im Gebet gesammelt. Indem er die Gabe des Auferstandenen in sich eindringen läßt, wird er ergrünen, aufblühen und Frucht bringen.

 Im 21. Kapitel erzählt uns Johannes nochmals eine eigenartige Auferstehungsgeschichte. Es ist die Begegnung des Auferstandenen mit 7 Jüngern am See von Tiberias. Es sind 7 Jünger. 7 ist die heilige Zahl. Es ist eine heilige Gemeinschaft, die da mitten im Alltag ihrer normalen Arbeit nachgeht. Es ist die Gemeinschaft der Kirche, ein Bild für uns, die wir genau wie diese 7 Jünger den Auferstandenen mitten in unserem Alltag erkennen könnten, wenn wir nur die Augen öffnen. Die Jünger sind wieder daheim und fischen, wie sie es ihr Leben lang getan haben. Die ganze Nacht haben sie umsonst gearbeitet. Jetzt am grauen Morgen sind sie müde, enttäuscht, leer. Da sehen sie am Ufer Jesus stehen, der sie freundlich als seine Kinder anspricht und sie fragt, ob sie nichts zu essen hätten. Als sie das verneinen, schickt er sie nochmals auf den See, daß sie auf der rechten Seite des Bootes ihr Netz auswerfen sollen. Die Jünger wissen selbst, wie man Fische fängt. Und in dieser Nacht war alles umsonst. Aber dennoch tun sie das Gleiche nochmals, jetzt aber auf den Befehl dessen hin, der da vom andern Ufer her in ihr Leben eintritt. Und sie werfen das Netz auf der rechten, auf der bewußten Seite aus. Den Auferstandenen in unserem Leben erfahren, das heißt, die gleiche Arbeit zu tun wie immer, aber auf Jesu Geheiß, und sie bewußt, achtsam, behutsam tun.

Der Lieblingsjünger spürt sofort, daß es der Herr ist, der da am Ufer steht. Simon Petrus stürzt sich in den See, um zu Jesus zu gelangen. Die Jünger im Boot ziehen das Netz mit 153 großen Fischen hinter sich her. 153, das ist eine heilige Zahl. Augustinus deutet sie von der Zahl 17 her, die zusammengerechnet 153 ergibt. 1 ist die Zahl der Ganzheit, 7 die Zahl, die Gott und Mensch verbindet. Evagrius Ponticus deutet die 153 von den drei Formen her, vom Quadrat (100), Dreieck (28) und von der Kugel (25). Wenn wir dem Auferstandenen in unserem Leben begegnen und auf seinen Befehl hin handeln, dann wird unser

Leben heil und ganz, dann verbinden sich die Gegensätze in uns zu einer wunderbaren Einheit. Als Petrus und nach ihm die Jünger an Land kommen, lädt sie Jesus zum Mahl ein. Jetzt hat er auf einmal Brot und Fisch auf einem Kohlenfeuer. Und er hält mit ihnen ein Frühmahl. Es ist eine eigenartige Atmosphäre. Keiner wagt Jesus zu fragen, aber alle wissen: „Es ist der Herr." (Joh 21,7)

Johannes deutet dieses Mahl um das Kohlenfeuer herum eucharistisch. Und Egino Weinert übernimmt diese Deutung, indem er diese Szene auf der Vorderseite eines Tabernakels darstellt. Eucharistie heißt, daß da der Auferstandene vom andern Ufer her, vom Himmel her, in den grauen Morgen unseres Lebens tritt. Wo der Auferstandene ist, da entsteht auf einmal Heimat, da lichtet sich der graue und kühle Morgen. Den Jüngern wird warm ums Herz. Und Jesus selbst nimmt das Brot und den Fisch und gibt es uns. Brot ist Stärkung für unser Leben hier auf Erden. Fisch ist für die Alten die Speise der Unsterblichkeit, die Speise des Paradieses. In der Eucharistie reicht uns der Auferstandene in Brot und Wein sein unsterbliches Leben, da leuchtet mitten in diesem einfachen Mahl das Paradies auf und verklärt den grauen Morgen. In der Eucharistie bekommen wir Anteil am göttlichen Leben, da wird der unverderbliche göttliche Keim in unsere sterbliche Natur hineingesenkt und wir werden vergöttlicht. Diese Verklärung unseres Lebens durch die unsterbliche Speise der Eucharistie wird in diesem Tabernakelbild sichtbar in den hellen und freundlichen Farben, in der ganzen Atmosphäre um den Auferstandenen, der auf dem Felsen sitzt und uns einlädt zum Mahl der Liebe, das unser Leben verwandelt.

11. PFINGSTEN

 Das Pfingstfest schließt den Osterfestkreis. Am 50. Tage nach Ostern zeigt es die Vollendung unseres Lebens durch die Auferstehung. Lukas schildert uns das Pfingstgeschehen in der Apostelgeschichte. Die Jünger, und nach alter Tradition Maria in ihrer Mitte, sind im Abendmahlssaal versammelt, um zu beten. Da kommt vom Himmel her ein heftiger Sturm und erfüllt das ganze Haus. „Und es erschienen ihnen Zungen wie von Feuer, die sich verteilten; auf jeden von ihnen ließ sich eine nieder. Alle wurden mit dem Heiligen Geist erfüllt und begannen, in fremden Sprachen zu reden, wie es der Geist ihnen eingab." (Apg 2,3f) Der Heilige Geist wird im Bild des Sturmes und des Feuers beschrieben. Der Wind ist schon im Alten Testament Bild für den Geist Gottes, der die Schöpfung durchweht. Der Wind kann zu einem Sturm werden, der uns durchbläst und in Bewegung bringt. Im Wind kann uns der Geist Gottes aber auch zärtlich streicheln. Wind ist ein Bild für den nahen und doch unsichtbaren Geist Gottes. Er umgibt uns, ja er ist im Atem in uns selbst und durchdringt uns mit göttlichem Odem. Feuer ist ein Bild für kraftvolle Lebendigkeit.

Diese Szene hat Egino Weinert in seinem Pfingstbild dargestellt. Da beten die zwölf Apostel um Maria geschart. Von oben kommt der Hl. Geist in Form einer Taube herab. Auf jeden einzelnen läßt er sich als Feuerzunge nieder. Die Gesichter hellen sich auf und spiegeln neuen Mut wider. Es ist die Geburtsstunde der Kirche. Mit einer alten ikonographischen Tradition stellt der Künstler hier die Apostel betend dar. Das Gebet ist der Ort der Geistsendung. Wer betet, der öffnet sich dem Kommen des Hl. Geistes. Er kann den Geist nicht herabzwingen. Aber er wird ihn spüren, sobald er in ihn eindringt. Sie beten gemeinsam. Das gemeinsame Gebet hat eine besondere Kraft. Das hat Lukas in der Geschichte von Paulus und Silas dargestellt (Vgl. Apg 16,19-34). Als sie im tiefsten Gefängnis von Philippi um Mitternacht gemeinsam Loblieder singen, da entsteht

ein gewaltiges Erdbeben. Die Türen springen auf, die Fesseln lösen sich. Der Gefängniswärter stürzt herbei und nimmt sie in ihr Haus auf, um sich von ihnen taufen zu lassen. Auch an Pfingsten bebt die Erde vom Gebet der Apostel. Der Hl. Geist bringt die Menschen in Bewegung, daß sie zusammenkommen und die Apostel in ihren Sprachen reden hören. Und er bewegt die ängstlichen Jünger, aus der Enge ihrer Kammer herauszutreten in die Öffentlichkeit und vor allen Zeugnis für den Auferstandenen abzulegen.

In der Mitte der 12 Apostel kniet Maria in ihrem blauen Gewand und betet. Sie zieht den Blick des Beschauers auf sich. Die Taube fliegt auf sie zu. Es ist nur eine Frau unter zwölf Männern. Aber sie ist die Mitte. Ohne sie gibt es keine Kirche. Sie ist die Mitte der Kirche. Offensichtlich hält die betende Maria die charakterlich so verschiedenen Apostel zusammen und verbindet sie zu einer Gemeinschaft. Das Gebet schafft Gemeinschaft. Und weil die Menschen aus den vielen Völkern, die gerade in Jerusalem sind, das neue Miteinander sehen, werden sie angezogen und lassen sich von der Predigt des Petrus mitten ins Herz treffen und taufen (Vgl. Apg 2,37). Lukas beschreibt dieses neue Miteinander als Sprachenwunder. Die Jünger Jesu sprechen auf einmal in einer Sprache, die jeder versteht. Weil sie im Gebet gemeinsam zu Gott gesprochen haben, können sie nun in einer neuen Sprache miteinander sprechen. Sie finden eine gemeinsame Sprache, die auch die Menschen außerhalb ihrer kleinen Gemeinschaft verstehen. Die neue Sprache, die der Hl. Geist ihnen eingibt, verbindet nun viele Menschen miteinander. Die Zuhörer geben ihre spöttische Sprache auf, in der sie das Neue abwehren wollten, und sind bereit, nun ihr Herz sprechen zu lassen: „Was sollen wir tun, Brüder?" (Apg 2,37) Die Sprache von Herz zu Herz verbindet und so entsteht Kirche. „Sie hielten an der Lehre der Apostel fest und an der Gemeinschaft, am Brechen des Brotes und an den Gebeten." (Apg 2,42)

III. DER JAHRESKREIS

1. DAS EUCHARISTISCHE MAHL

Die Einsetzung des eucharistischen Mahles am Abend vor der Passion Jesu gehört in den Osterfestkreis. Aber an Fronleichnam feiert die Kirche nochmals ausdrücklich das Geheimnis der Eucharistie. Das, was sie Tag für Tag begeht, wird zum eigenen Thema eines Festes. So möchte ich eines der vielen Bilder, die Egino Weinert zum Thema Eucharistie geschaffen hat, auch eigens betrachten. Meistens sind es Bilder, die die Vorderseite eines Tabernakels schmücken. So auch hier. Die zwölf Jünger sind um einen rechteckigen Tisch versammelt. In der Mitte des Tisches steht vor dem Brot ein großer Kelch mit rotem Wein gefüllt. Jesus weist mit der einen Hand auf die Gaben, in denen er sich selbst seinen Jüngern schenkt. Die andere Hand hat er nach oben gerichtet, zum Vater. Es ist das Geheimnis der göttlichen Liebe, das er mit seinen Jüngern feiert. Die Jünger haben die Hände zum Gebet gefaltet oder sie beten mit offenen Händen, die zum Himmel weisen. Auf dem Tisch stehen 8 Becher mit Wein. Acht ist die Zahl der Ewigkeit. Die frühchristlichen Taufbecken sind achteckig, um zu bezeugen, daß in der Taufe die Ewigkeit einbricht in unsere Zeit. So will der Künstler wohl auch hier sagen: In jeder Eucharistie geschieht das ewige Geheimnis göttlicher Liebe. Da steht die Zeit still. Die Ewigkeit bricht ein in unsere vergängliche Zeit. Da ist ewige Gegenwart, da ist der Augenblick, da Gott sich mit dem Menschen vereint, da der Mensch vergöttlicht wird. Da ist der achte Tag, der Auferstehungstag, der keinen Abend kennt.

Eucharistie wird hier als Mahl dargestellt. Ein Mahl ist sie von ihrem Ursprung und Wesen her, auch wenn in unseren Kirchen oft so wenig von diesem Mahlcharakter erfahrbar wird. Jesus schart in der Eucharistie die vielen Jünger um sich. Alle haben teil an der Liebe Jesu, die sich in Brot und Wein hingibt, auch Judas, der ihn verrät. Die Eucharistie verbindet die verschiedenen Typen der Apostel. Da ist der hitzige Petrus, da ist der bedächtige Lieblingsjünger. Da sind sogar zwei Zeloten, zwei Terroristen unter seinen Jüngern. Es war keine

homogene Gruppe, die Jesus um sich sammelte, sondern Ausdruck der Zerrissenheit der damaligen jüdischen Gesellschaft. Aber alle haben Platz am Tisch Jesu. Mahl halten heißt, niemanden ausschließen, heißt Ja sagen zu jedem, der mit mir um den Tisch versammelt ist. Wir essen alle von dem einen Brot und trinken aus dem einen Kelch. Wir werden eins in Christus. Und Christus verbindet uns auf einer tieferen Ebene als die unserer Gefühle und Meinungen. Das war ja die faszinierende Erfahrung der frühen Kirche, daß da auf einmal Juden und Griechen, Herren und Sklaven, Männer und Frauen, jung und alt, miteinander eine Gemeinschaft bildeten. Die Eucharistie war das verbindende Element. So beschreibt es Lukas in der Apostelgeschichte: „Tag für Tag verharrten sie einmütig im Tempel, brachen in ihren Häusern das Brot und hielten miteinander Mahl in Freude und Einfalt des Herzens." (Apg 2, 46)

Eucharistie ist Hingabe. Jesus gibt sich in den Gestalten von Brot und Wein den Jüngern hin. Das gebrochene Brot weist hin auf seinen Tod, in dem er sich den Menschen bis zum Äußersten hingibt, in dem seine Liebe, die sich nicht zurückhält, zur Vollendung kommt. Und das Blut im Kelch erinnert zum einen ebenso an das Blut, das aus Jesu Seite strömen wird, um uns mit göttlichem Leben zu erfüllen. Jesus spricht aber auch von dem Blut des Neuen Bundes: „Dieser Kelch ist der Neue Bund in meinem Blut, das für euch vergossen wird." (Lk 22,20) Im Tod Jesu schließt Gott einen neuen Bund mit uns Menschen, da wird Wirklichkeit, was Jeremia von dem neuen Bund verheißen hat: „Ich lege mein Gesetz in sie hinein und schreibe es auf ihr Herz. Ich werde ihr Gott sein, und sie werden mein Volk sein." (Jer 31,33) In der Eucharistie feiern wir Tag für Tag diesen neuen Bund, den Gott in Jesus Christus mit uns geschlossen hat, in dem er uns ein neues Herz schenkt, nicht mehr ein Herz aus Stein, sondern ein Herz aus Fleisch, das Herz seines Sohnes, das so zu lieben vermag, wie Jesus uns geliebt hat, mit einer Liebe bis in den Tod.

2. DER ZINSGROSCHEN

 Einige Pharisäer und Anhänger des Herodes kommen zu Jesus, um ihn auf die Probe zu stellen. Sie fragen ihn: „Ist es erlaubt, dem Kaiser Steuer zu zahlen, oder nicht?" (Mk 12,14) Die Frage nach der Kopfsteuer hat das jüdische Volk entzweit. Die Herodianer treten als Römerfreunde für diese Steuer ein. Die Pharisäer sind eigentlich dagegen, aber sie haben sich mit ihr als mit einer harten Schickung Gottes abgefunden. Die Zeloten verweigern den Römern die Steuer, weil sie ein Verstoß gegen das erste Gebot sei. Jesus ist in einer Zwickmühle. Wenn er die Steuer bejaht, hat er einen großen Teil des Volkes gegen sich. Denn die Zeloten hatten mit ihrem Terror, den sie ausübten, einen großen Einfluß auf das Volk. Wenn er aber die Steuer ablehnt, dann hat er die Herodianer und mit ihnen die römische Besatzungsmacht gegen sich. Dann könnte das ein Grund für die Verhaftung sein. Anscheinend gibt es kein Entrinnen aus dieser hinterhältigen Situation. Aber Jesus handelt souverän. Er durchschaut die Heuchelei der beiden Parteien, der Pharisäer und der herodianischen Römerfreunde, die sich hier zusammengetan haben, um gegen Jesus zu intrigieren. Er läßt sich eine Steuermünze zeigen. Er selbst hat keine bei sich. Aber die Herodianer müssen wohl solche Münzen bei sich tragen. Auf diesen Münzen war auf der einen Seite das Brustbild des Kaisers Tiberius dargestellt, auf der andern das des Pontifex Maximus (des obersten römischen Priesters) und das Bild der thronenden Mutter des Tiberius. Jesus fragt: „Wessen Bild und Aufschrift ist das?" (Mk 12,16) Und als sie antworten: „Des Kaisers", da gibt er ihnen die unübertreffliche Antwort: „So gebt dem Kaiser, was dem Kaiser gehört, und Gott, was Gott gehört!" (Mk 12,17)

Mit dieser Antwort hat keiner gerechnet. Alle staunen über die Weisheit Jesu, der sich weder von den Pharisäern, noch von den Herodianern, noch von den Zeloten vereinnahmen läßt. Im griechischen Text sagt Jesus nicht „geben", son-

dern „zurückgeben". Sie haben die Münze ja vom Kaiser schon empfangen. Daher gibt es auch keinen Grund, sie ihm nicht zurückzugeben. Aber es sind eben nur äußerliche Dinge, die sie vom Kaiser empfangen haben: die rechtliche und wirtschaftliche Ordnung. Von Gott aber haben sie sich selbst empfangen. Während die Münze das Bild des Kaisers trägt, ist der Mensch selbst das Bild Gottes. Deshalb sollen sie sich selbst Gott zurückgeben. Wir gehören nicht uns selbst, sondern Gott. Daher müssen wir uns als Person Gott zurückgeben und ihn mit unserer ganzen Existenz anbeten.

Der Künstler hat diese Szene lebendig dargestellt. Da ist eine große Menschenmenge, die genau beobachtet, wie Jesus auf die Fangfrage der Pharisäer und Herodianer antwortet. Vorne macht sich ein Schriftgelehrter vor Jesus ganz klein, um ihm voll Ehrerbietung seine Frage zu stellen. Auf dem Schoß hat er eine Schriftrolle, vermutlich das jüdische Gesetz. So bescheiden seine Geste ist, in Wirklichkeit will er Jesus hinterhältig auf die Probe stellen. Jesus aber steht aufrecht vor allen da. Er hält die gelbe Münze in der rechten Hand und zeigt sie allen Leuten. Mit der linken Hand weist er zum Himmel: „Ihr seid alle Menschen des Himmels. Ihr gehört Gott. Kein Herrscher dieser Welt hat Macht über Euch. Gebt Euch daher Gott zurück. Das macht Euch frei. Das ist die Frohe Botschaft, die ich Euch verkünde." Gegen diese Botschaft kommt keiner an. Sie ist unerwartet, sie ist göttlich, sie erfüllt die tiefste Sehnsucht der Menschen.

3. SEESTURM

 Matthäus und Markus berichten uns zweimal von einem Seesturm, in den die Jünger mit ihrem Boot geraten. In Mk 4,35-41 (Mt 18,23 27) ist Jesus mit im Boot. Während er schläft, entsteht ein gewaltiger Seesturm. Und die Jünger müssen Jesus aufwecken. Sie haben Angst, sie würden sonst zugrunde gehen. In Mk 6,45-52 fahren die Jünger alleine mit dem Boot nach Betsaida. Da kämpfen sie mit aller Mühe gegen den Gegenwind an. Jesus sieht sie und geht ihnen auf dem Wasser entgegen. Und als er einsteigt, legt sich der Wind. Matthäus berichtet in seiner parallelen Erzählung sogar davon, daß Petrus Jesus auf dem Wasser entgegengeht, dann aber zweifelt und unterzugehen droht. „Jesus streckte sofort die Hand aus, ergriff ihn und sagte zu ihm: Du Kleingläubiger, warum hast du gezweifelt?" (Mt 14,31)

Auf unserem Bild bezieht sich der Künstler offensichtlich auf die erste Geschichte, da Jesus hinten im Boot auf einem Kissen liegt und schläft, während um ihn der Sturm tobt und das Boot hin- und herwirft. Es ist eine sehr menschliche Geschichte. Jesus hatte den ganzen Tag zum Volk gepredigt und ihre Kranken geheilt. Jetzt ist er müde und schläft so fest ein, daß er den heftigen Wirbelsturm gar nicht bemerkt. Die Jünger bekommen Angst, obwohl sie doch erfahrene Fischer sind, die sich auf dem See von Gennesaret mit seinen unberechenbaren Stürmen auskennen. Aber sie wissen sich nicht mehr zu helfen. Sie wecken in ihrer Angst Jesus: „Meister, kümmert es dich nicht, daß wir zugrunde gehen?" (Mk 4,38) Und Jesus steht auf, droht dem Wind und sagt zum See: „Schweig, sei still!" „Und der Wind legte sich, und es trat völlige Stille ein." (Mk 4,39) Und Jesus tadelt seine Jünger, daß sie solche Angst haben. Ihnen fehlt noch der Glaube, den Jesus ihnen mit seiner Predigt vermitteln möchte. Weil die Worte offensichtlich allein noch keinen Glauben in ihnen wecken, führt er sie durch sein Wunder zum Glauben an den Gott, der uns mitten im Sturm

schützt und uns über die wogenden Wellen unseres Lebens sicher geleitet.

Auf unserem Bild steht Jesus inmitten seiner Jünger. Die eine Hand hält er schützend über den See, mit der andern zeigt er zum Himmel, zu Gott, dem schützenden Vater. Während die Jünger sich an sich selbst, aneinander oder am Boot und am Steuermast festklammern, steht Jesus frei im Boot mit erhobenen Händen. Hinter ihm ist die See schon zur Ruhe gekommen. Vorne sind noch die Wellen sichtbar, die die Jünger so in Angst versetzt haben. Jetzt weicht die Angst dem staunenden Ergriffensein von Jesu Macht: „Was ist das für ein Mensch, daß ihm sogar der Wind und der See gehorchen?" (Mk 4,41) Das Bild will uns zum Glauben führen, daß Christus auch in unserem Boot sitzt, selbst wenn wir ihn nicht bemerken, selbst wenn wir von ihm abgeschnitten sind, wenn wir nicht an ihn glauben können, wenn er sich nicht bemerkbar macht und zu schlafen scheint. Der schlafende Jesus ist ein Bild für die Daseinserfahrung vieler Christen heute. Sie möchten an Jesus glauben, aber sie spüren nichts von ihm. Er ist ihrer Erfahrung abhanden gekommen. Er schläft. In diese Situation unserer Glaubensschwierigkeiten will das Bild von Egino Weinert hineinsprechen und uns verkünden: Christus wird auch unser Lebensboot sicher durch die Stürme und Wellen unseres Lebens geleiten, so daß es nicht untergehen wird. Das Leben kann uns durchaus durcheinander schütteln. Es erwartet uns kein ruhiger Spaziergang. Aber in allen Stürmen ist Christus selbst in uns. Das ist Grund genug zu einem Glauben, der alle Angst überwindet.

Um die sechste Stunde kommt Jesus an den Jakobsbrunnen und setzt sich müde nieder. Da kommt eine samaritische Frau, um Wasser zu schöpfen. Jesus bittet sie um Wasser und beginnt mit ihr ein Gespräch, das eigentlich allen Gesprächsregeln widerspricht. Auf den ersten Blick scheinen die beiden aneinander vorbei zu reden. Doch in Wirklichkeit reden sie so miteinander, daß sie von der äußeren Ebene auf eine immer tiefere Ebene gelangen. Sie sprechen über das Wasser und auf einmal sind sie beim lebendigen Wasser angelangt, das unseren tiefsten Durst löscht. Während die Samariterin nur das Wasser schöpft, das unseren alltäglichen Durst stillt, kann Jesus lebendiges Wasser schenken. „Wer von diesem Wasser trinkt, wird wieder Durst bekommen; wer aber von dem Wasser trinkt, das ich ihm geben werde, wird niemals mehr Durst haben; vielmehr wird das Wasser, das ich ihm gebe, in ihm zur sprudelnden Quelle werden, deren Wasser ewiges Leben schenkt." (Joh 4,13f) Am Kreuz wird Jesus sein Herz öffnen. Daraus wird das Wasser seiner Liebe fließen, das dann in uns zur Quelle ewigen Lebens werden kann, zu einer Quelle, die in uns sprudelt und nie versiegt.

Sie sprechen über die sechs Männer, die die Frau hatte und doch nicht wirklich hatte. Alle sechs Männer haben nicht ihre Sehnsucht nach wirklicher Liebe und Nähe erfüllt. Jetzt begegnet sie Jesus, dem siebten Mann. Er wird am Kreuz sein offenes Herz zeigen und ihre Sehnsucht nach bedingungsloser und absoluter Liebe erfüllen. Die sechste Stunde, in der die Frau sich mit Jesus unterhält, weist hin auf die Stunde, in der Jesus am Kreuz stirbt. Die sechs Männer weisen hin auf den siebten Mann, den Messias, der uns mit unendlicher Liebe zu lieben vermag. Vom Gespräch über die Männer gelangen Jesus und die Samariterin auf einmal scheinbar unvermutet zum Thema der wahren Anbetung. Aber auf der inneren Ebene ist das folgerichtig. In der Anbetung im Geist und in der

Wahrheit wird unsere Sehnsucht nach der Ekstase der Liebe erfüllt. In der Liebe sehnen wir uns danach, uns hinzugeben und uns in dieser Hingabe selbst vergessen zu können. Anbetung heißt, vor Gott niederzufallen, weil er Gott ist, frei zu werden von dem Kreisen um sich selbst, sich vor Gott vergessen zu können, weil wir in Gott aufgehoben sind, geborgen, daheim.

Auf dem Bild sitzt die samaritische Frau auf dem Brunnen. Jesus steht aufrecht und spricht zu ihr. Im Hintergrund sieht man die Stadt, aus der die Frau stammt. Einige Leute stehen hinter der Frau, offensichtlich sind es Samariter. Johannes sagt von ihnen, daß sie Jesus baten, er möge bei ihnen bleiben. Zu der Frau sagen sie: „Nicht mehr aufgrund deiner Aussage glauben wir, sondern weil wir ihn selbst gehört haben und nun wissen: Er ist wirklich der Retter der Welt." (Joh 4,42) Aus der Begegnung zwischen Jesus und der Samariterin ist die Bekehrung einer ganzen Stadt geworden. Der Künstler zeigt Jesus hier als Prediger, dem alle fasziniert zuhören. Sein Wort trifft die Menschen. Sein Wort ist wie der Brunnen, auf dem die Frau sitzt. Aus ihm können die Menschen schöpfen, ohne daß er je versiegt. Es ist der Brunnen des göttlichen Wortes und der göttlichen Liebe, der Brunnen, der uns ewiges Leben spendet und unseren tiefsten Durst für immer löscht.

5. JESUS, DER GUTE HIRTE

 Bei Matthäus und Lukas erzählt uns Jesus das Gleichnis vom Hirten, der hundert Schafe hat und eines davon verliert. Er läßt die neunundneunzig Schafe in der Steppe zurück, um dem verlorenen nachzugehen, bis er es findet. „Und wenn er es gefunden hat, nimmt er es voll Freude auf die Schultern." (Lk 15,5) Das ist für Jesus ein Bild für Gott, der sich über einen einzigen Sünder, der umkehrt, mehr freut als über neunundneunzig Gerechte, die es nicht nötig haben umzukehren. Auf dem Bild von Egino Weinert trägt Jesus das verlorene Schaf auf den Schultern. Das Gleichnis ist nicht nur ein Bild für den einen Sünder, der umkehrt. 100 ist auch ein Symbol für die Ganzheit. Wenn ein Schaf verloren geht, bricht unser Ganzsein auseinander. Jesus ist der, der dem Verlorenen in mir nachgeht. Für Gregor von Nyssa ist das verlorene Schaf unsere verlorene Menschlichkeit. Sie muß gefunden werden, damit wir wieder ganze Menschen werden. Jesus ist in seiner Menschwerdung dem verlorenen Schaf in uns nachgegangen und hat uns aus der Leere und Ödnis der Wüste zurückgeholt zur Herde, damit wir wieder als ganze Menschen leben können.

Das Bild des guten Hirten geht aber nicht nur auf das Gleichnis vom verlorenen Schaf zurück, sondern vor allem auf die Hirtenrede im Johannesevangelium. Jesus sagt dort von sich selbst: „Ich bin der gute Hirt. Der gute Hirt gibt sein Leben hin für die Schafe." (Joh 10,11) Als guter Hirt kennt er die Seinen und die Seinen kennen ihn. „Ich gebe ihnen ewiges Leben. Sie werden niemals zugrunde gehen, und niemand wird sie meiner Hand entreißen." (Joh 10,28) Im Johannesevangelium spricht immer der auferstandene und erhöhte Herr, der in der Eucharistiefeier in die Mitte der Glaubenden tritt. Wir können uns vorstellen, wie tröstlich für die frühen Christen diese Worte des auferstandenen Herrn waren. Mitten in einer feindlichen Welt spürten sie da Christus in ihrer Mitte, der sie schützt und ihnen verheißt, daß keine Macht dieser Welt sie seiner

Hand entreißen kann. Und mitten in der Fremde dieser Welt entsteht durch die Worte des guten Hirten, der die Seinen kennt, ein Raum des Vertrauens und der Heimat. Christus als der gute Hirte gibt ihnen ewiges Leben, eine andere Qualität von Leben, als es die heidnische Umwelt verheißt. Ewiges Leben, das meint einen neuen Geschmack von Leben, wirkliches Leben, göttliches Leben, das auch durch den Tod nicht zunichte werden kann.

Der Künstler hat beide Bilder miteinander verbunden: den Hirten, der dem verlorenen Schaf nachgeht und es auf den Schultern heimträgt, und den guten Hirten, der die Seinen kennt und ihnen ewiges Leben schenkt. Die Schafe umgeben ihn ganz dicht, lehnen sich an ihn an, ein kleines Schaf grast zwischen seinen Füßen. So spürt man das Vertrauen zwischen dem Hirten und den Schafen heraus. Mit seinem Hirtenstab, auf den er sich stützt, wird er die Schafe vor wilden Tieren schützen. Und er wird sie auf grünen Auen weiden, wie es Psalm 23 beschreibt: „Er leitet mich auf rechten Pfaden, treu seinem Namen. Muß ich auch wandern in finsterer Schlucht, ich fürchte kein Unheil; denn du bist bei mir, dein Stock und dein Stab geben mir Zuversicht." (Ps 23,3f) Diese Zuversicht will der Künstler auch in uns wecken, wenn wir sein Bild betrachten und es in uns einbilden, damit der gute Hirte eine innere Wirklichkeit für uns wird, daß wir uns vom guten Hirten getragen fühlen auch dort, wo wir Irrwege und Umwege gehen, daß wir in Jesus den guten Hirten spüren, der unser Innerstes kennt, vor dem wir ganz wir selbst sein dürfen.

 Das Motiv „Christus in der Kelter" haben die Kirchenväter aus Jes 63,3 und Offb 14,19 entfaltet. Dort ist von der Zorneskelter Gottes die Rede, in der Gott die Kelter ganz alleine tritt und darin die Völker zermalmt. Für die Kirchenväter war das eine Voraussage des Leidens Christi. In der Passion hat Jesus die Sünde und alles Widergöttliche zertreten, für die die „Völker" in Jes 63,3 stehen. Die Traube und das ausgepreßte Traubenblut werden in der frühen Kirche als Leidenssymbol Christi gedeutet. Im Mittelalter sind Darstellungen beliebt, in denen Jesus entweder als Sieger über den Tod die Kelter tritt oder aber als der, der Ja sagt zu seinem Leiden und in der Passion für uns in der Kelter ausgepreßt wird, so daß wir alle von dem Wein trinken dürfen, der aus der Kelter fließt. Seit dem 15. Jhd. bekommt das Kelterbild immer mehr eucharistischen Charakter. Das Blut Christi, das aus der Kelter herausströmt, wird von einem Abendmahlskelch aufgefangen. Daher wird dieses Motiv gerne als Altarbild benutzt, um zu zeigen, daß in jeder Eucharistiefeier Wirklichkeit wird, was das Bild bezeugt.

Egino Weinert hat das Motiv des Keltertreters häufig dargestellt, entweder am Altartisch oder am Tabernakel. Er zeigt damit, daß er „Christus in der Kelter" eucharistisch verstanden hat. Auf unserem Bild schmückt das Bild die Vorderseite eines Tabernakels. Christus ist in der Haltung des Gekreuzigten dargestellt und zertritt in der Kelter die Trauben. Von den Wunden seiner durchbohrten Hände hängen dicke Trauben herab. Jesus hängt zwar am Kreuz. Aber dennoch trägt er weniger die Züge eines Leidenden als vielmehr die eines Liebenden. Es ist Zeichen seiner Liebe, daß er in die Kelter tritt und für uns den Wein seiner Liebe herauspreßt, den wir in der Eucharistie trinken dürfen. Die Kelter steht für sein Leiden. In seinem Leiden wurde er von den Menschen zertreten. Er selbst drückt es im Psalm 22, den er am Kreuz vor aller Augen laut gebetet

hat, so aus: „Ich aber bin ein Wurm und kein Mensch, der Leute Spott, vom Volk verachtet." (Ps 22,7) Das Paradox des Bildes „Christus in der Kelter" ist, daß Jesus hier aktiv die Kelter tritt. Er sagt Ja zu seinem Leiden. Er nimmt es aus freien Stücken auf sich, aus Liebe zu den Menschen, die in ihrer Schuld in sich selbst verschlossen waren. Er läßt sich in seiner Passion für uns aufbrechen und zertreten. Und so wird sein Leiden fruchtbar für die Menschen. Sein Leiden ist wie das Zertretenwerden einer Traube, das notwendig ist, damit daraus sü-ßer Wein entstehen kann.

Wenn Egino Weinert das Bild „Christus in der Kelter" auf dem Altar oder auf dem Tabernakel darstellt, so deutet er damit auf seine persönliche Weise das Geheimnis der Eucharistie. Jesus hat uns die Eucharistie als Vermächtnis seiner Liebe geschenkt. In ihr feiern wir den Tod und die Auferstehung Jesu Tag für Tag aufs neue. Wir bekennen damit, daß wir aus seiner Liebe leben, die sich für uns im Tod dahingegeben hat und die sich uns in der Eucharistie immer wieder von neuem schenkt. Der Wein, der aus der Kelter fließt, drückt die Freude aus, die ein Grundzug jeder Eucharistie ist. Der Wein erfreut des Menschen Herz, sagt der Psalmist. Und der Wein wird gerade von liebenden Menschen besun-gen, weil er die Liebe zwischen uns vertiefen kann. Der Wein der Eucharistie ist Ausdruck der Liebe Jesu zu uns. Seine Liebe will uns in der Kommunion durch-dringen und unserem Leben einen neuen Geschmack geben. Sie will unser Herz erfreuen und uns etwas erahnen lassen von der Ekstase der Liebe.

7. DER GNADENSTUHL

 Seit jeher hat die Kunst versucht, das Geheimnis des dreifaltigen Gottes darzustellen, entweder symbolisch als Dreieck oder als drei ineinanderliegende Ringe oder in Gestalt von drei gleichgestalteten Personen, wie es vor allem die russischen Ikonen tun in der Gestalt der drei Engel, die Abraham besuchen. Im Mittelalter wird die Darstellung des Gnadenstuhls beliebt. Der Ausdruck „Gnadenstuhl" entstand aus der Übersetzung von Hebr 9,5 durch Martin Luther. Luther übersetzte die Deckplatte der Bundeslade mit „thronus gratiae", „Gnadenstuhl". Charakteristisch für die Darstellung des Gnadenstuhls ist, daß Gottvater das Kreuz vor sich hält und zwischen dem Vater und dem Sohn der Hl. Geist als Taube dargestellt wird. Seit dem 13. Jhd. hält Gottvater auf vielen Darstellungen nur den Leichnam Jesu ohne Kreuz in seinem Schoß. Dann gleicht der Gnadenstuhl oft der Pietá, dem Vesperbild, in dem Maria den toten Jesus im Schoß hält.

Egino Weinert folgt der Tradition, daß Gottvater den Gekreuzigten vor sich hält. Es ist eine einzige große Bewegung vom Himmel hin zur Erde. Der Vater wird als großer thronender Mann dargestellt. Sein Haupt ist von einem roten Dreieck umgeben. Das Dreieck war schon seit den Zeiten der Kirchenväter Symbol für den dreifaltigen Gott. Rechts und links vom Vater singen zwölf Engel oder Menschen das ewige Loblied. Hier bezieht sich der Künstler wohl auf die Beschreibung der Offenbarung des Johannes, der die vierundzwanzig Ältesten Gott zurufen läßt: „Würdig bist du, unser Herr und Gott, Herrlichkeit zu empfangen und Ehre und Macht. Denn du bist es, der die Welt erschaffen hat, durch deinen Willen war sie und wurde sie erschaffen." (Off 4,11) Gottvater reicht vom Himmel mit seiner Herrlichkeit bis zur Erde, auf der Menschen aller Stände und jeden Alters dargestellt werden. Da tragen zwei Frauen ihr Kind auf dem Arm. Da gibt es alte Menschen, die sich auf den Stab stützen. Ihnen hält der Vater den

Sohn am Kreuz hin. Es ist das Geschenk seiner Liebe, das er ihnen darbietet. Die Geste drückt aus, was Johannes von Gott aussagt: „Gott hat die Welt so sehr geliebt, daß er seinen einzigen Sohn hingab." (Joh 3,16) Der Tod Jesu am Kreuz wird hier als Hingabe des Vaters gedeutet. Gott sendet seinen Sohn in die Welt, daß er seine barmherzige Liebe zu allen Menschen verkündet. Er schickt ihn schutzlos, nackt, in die Welt. Es ist eine ohnmächtige Liebe, in der Jesus von der Nähe des barmherzigen Gottes spricht, so ohnmächtig, daß die Menschen mit ihm machen können, was sie wollen, daß sie ihn sogar ans Kreuz schlagen. Gott selbst hat seinen Sohn in die Hände der Menschen überliefert. Das ist Ausdruck seiner bedingungslosen Liebe zu uns.

Zwischen Vater und Sohn fliegt eine Taube von oben. Es ist der Hl. Geist, der das Haupt Jesu berührt. Der Hl. Geist in Gestalt der Taube drückt die Liebe Gottes aus, die zwischen Vater und Sohn hin- und herströmt. Die Liebe, mit der Jesus uns liebt, ist die Liebe des Vaters selbst. Wenn der Hl. Geist im Tod Jesu auf uns alle ausgegossen wird, wie es das Johannesevangelium versteht, dann heißt das, daß die Liebe, die wir in uns spüren, uns teilhaben läßt an der dreifaltigen Liebe. Wir sind eingetaucht in die Liebe zwischen Vater und Sohn. Das Bild des Gnadenstuhls sagt uns daher nicht nur etwas aus über das Geheimnis des dreifaltigen Gottes, sondern auch über uns selbst. Wir sind von Gott dazu berufen, aufgenommen zu werden in die liebende Gemeinschaft zwischen Vater, Sohn und Hl. Geist. Das ist das Höchste, was je vom Menschen gesagt worden ist. Wir sind in Gott. Gottes Liebe strömt in uns. Gott ist als dreifaltiger der für uns geöffnete Gott, der Gott, der uns so liebt, daß er uns in seine innergöttliche Gemeinschaft aufnehmen möchte.

8. DER LEBENSBAUM

 Der Baum hat in der christlichen Symbolik einen bevorzugten Platz. Da stehen im Paradies der Baum des Lebens und der Baum der Erkenntnis, an dem Adam und Eva sündigen. Da wird der Mann, der über Gottes Weisung nachsinnt, mit einem Baum an Wasserbächen verglichen: „Er ist wie ein Baum, der an Wasserbächen gepflanzt ist, der zur rechten Zeit seine Frucht bringt und dessen Blätter nicht welken." (Ps 1,3) Da spricht Jesus von dem guten Baum, der gute Früchte hervorbringt, und von dem schlechten Baum mit schlechten Früchten (Vgl. Mt 7,17). Da ist vor allem aber der Baum des Kreuzes, an dem Jesus für uns stirbt. Fortunatus von Poitiers hat im 6. Jhd. in seinem berühmten Hymnus das Kreuz als den einzigartigen Baum gepriesen: „Treues Holz, vor allen Bäumen einzig du an Ehren reich; denn an Zweigen, Blüten, Früchten ist im Wald kein Baum dir gleich." Die Kirchenväter sehen das Kreuz überall abgebildet, im Weltenkreuz, das den ganzen Kosmos umfaßt, im Steuermast, der uns sicher durch die Fluten unseres Lebens leitet, im Holz der Arche, die uns der Sintflut entreißt, im Türpfosten, der mit dem Blut des Lammes bestrichen war und so Israel vor dem Tod errettete.

Auf unserem Bild übernimmt Egino Weinert die weit verbreitete Symbolik der frühen und mittelalterlichen Kirche, die das Kreuz aus dem Baum der Erkenntnis wachsen läßt. Der Baum der Erkenntnis, an dem Adam und Eva sein wollen wie Gott und damit ihr menschliches Maß überschreiten, wird zum Kreuz, an dem Jesus für uns gehorsam wird bis zum Tod. Die Kirchenväter stellen dem Ungehorsam des ersten Menschenpaares den Gehorsam Jesu gegenüber und ihrer Maßlosigkeit die Bereitschaft Jesu, Ja zu sagen zum Tod als der eigentlichen Grenze unseres Menschseins. Aus dem Baum der Erkenntnis wachsen Früchte, die einem die Augen aufgehen lassen, wenn man sie ißt. So verheißt es die Schlange. Aus dem Kreuzesbaum wächst die süße Frucht der Liebe. Auf dem Bild ist

die Frucht des Kreuzes dargestellt als das Blut, das aus der Seite Jesu fließt und im Kelch aufgefangen wird, und als die beiden großen Blutstropfen, die aus den Händen Jesu strömen und direkt auf Adam und Eva fallen.

Nach einer alten Legende wurde Jesus genau über dem Grab Adams gekreuzigt. Jesus ist der neue Adam, der neue Mensch. „Wie in Adam alle sterben, so werden in Christus alle lebendig." (1 Kor 15,22) Jesus als der neue Adam ist bereit, den Kelch zu trinken, den ihm der Vater reicht. Er verzichtet darauf, mehr zu wissen, als uns Menschen zusteht. Und gerade in seiner Liebe schaut er das eigentliche Geheimnis Gottes und des Menschen. So ist das Kreuz wirklich der Baum der Erkenntnis. Am Kreuz erkennen wir, wer Gott ist, daß Gott die Liebe ist, die sich für uns verströmt. Und am Kreuz erkennen wir, wer der Mensch ist. Wir erkennen, zu welcher Bosheit der Mensch fähig ist, daß er den Sohn Gottes ans Kreuz schlägt und ihn so dem grausamsten Tod ausliefert, den menschliche Phantasie je ausgedacht hat. Aber am Kreuz sehen wir auch, zu welcher Liebe ein Mensch fähig ist, der aus Gott lebt. Jesus hat sich nicht auf sein Gottsein zurückgezogen, als er in die Mühlen der jüdischen und römischen Behörden geriet, sondern er hat sich für die Menschen hingegeben. Er sagt selbst von seiner Liebe, die am Kreuz für uns alle offenbar wird: „Es gibt keine größere Liebe, als wenn einer sein Leben für seine Freunde hingibt." (Joh 15,13) Als Adam und Eva vom Baum der Erkenntnis gegessen hatten, erkannten sie, daß sie nackt waren. Und sie verstecken sich vor Gott und voreinander. Da Jesus sich aus Liebe für sie hingibt, werden sie fähig, einander zu lieben und einander in ihrem Nacktsein anzunehmen. Denn jetzt sind sie ganz und gar eingehüllt in die Liebe Gottes, die in dem Blut Jesu auf sie herabfließt.

 Der Mai ist gemäß alter Tradition Maria geweiht. Maria wird im Mai als Lilie des Feldes und als schöne Frau verkündet. In der Kunst ist die Tradition, Maria als schöne Frau darzustellen, seit der Gotik festzustellen. In Italien wurde im 14. Jahrhundert Maria gerne auf einem blumenübersäten Rasenstück gezeigt, in dem die Künstler ein Symbol für das Paradies sahen. In der rheinischen Malerei war dieses Motiv sehr beliebt, etwa bei Stephan Lochner oder Martin Schongauer. Hier wird Maria oft im Rosenhag dargestellt, in der Zeit Albrecht Dürers auch auf der Rasenbank oder im Paradiesgärtlein.

Dieser Tradition fühlt sich auch Egino Weinert verpflichtet, wenn er Maria mit dem Jesuskind auf dem Arm mitten in einer blumenübersäten Wiese sitzend malt. Maria wird in der Volksfrömmigkeit als schöne Blume dargestellt. In der lauretanischen Litanei wird sie als rosa mystica, als geheimnisvolle Rose, angerufen. In Maria kommt der Mensch, so wie Gott ihn geschaffen hat, am reinsten zur Darstellung. Jesus war als Mensch zugleich Gottes Sohn. Daher haben sich die Künstler gescheut, ihn als Urbild des Menschen darzustellen. Sie haben in ihm immer auch den Sohn des ewigen Vaters gesehen, in dem sich Gottes Antlitz widerspiegelt. Maria, die gemäß katholischer Lehre von der Erbsünde ausgenommen wurde, ist für die Theologie und Kunst zum Urbild des schönen und reinen Menschen geworden. Aber wenn wir auf Maria schauen, dann heben wir sie nicht in den Himmel, sondern in ihr sehen wir einen Spiegel auch für uns selbst. Denn Maria ist für die Kirchenväter der Archetyp des erlösten Menschen. Was wir von ihr bekennen, das dürfen wir auch von uns glauben. Auch von uns gilt, daß dort, wo Christus in uns ist, die Sünde keine Macht hat, daß es in uns einen Raum gibt, zu dem die Schuld keinen Zutritt hat. Denn, so sagt es uns der Epheserbrief, in Christus hat Gott „uns erwählt vor der Erschaffung der Welt, damit wir heilig und untadelig leben vor Gott" (Eph 1,4). Durch Christus wer-

den wir wie Maria makellos, immaculati. Das drückt die Kunst aus in den schönen Blumen, die Maria umgeben. So wie in den Blumen Gottes Herrlichkeit aufleuchtet, so strahlt uns in Maria der reine und für Gott durchlässige Mensch entgegen, dessen Bild nicht durch die Sünde getrübt ist. Es ist eine optimistische Theologie, die in der Marienfrömmigkeit ihren Ausdruck findet. Die Marienbilder wollen uns zeigen, daß auch wir berufen sind, durchlässig zu werden für Gott. Und sie bringen uns in Berührung mit dem Ort in uns, der schon makellos ist, der von der Sünde nicht infiziert ist, in dem Gott selbst in uns wohnt.

Im Hintergrund sehen wir Adam und Eva im Paradies. Zwischen ihnen steht der Baum der Erkenntnis mit der Schlange, die Eva überredet, von diesem Baum zu essen. Denn dann würden ihr die Augen aufgehen und sie würden sein wie Gott. Eva gibt den Apfel gerade an Adam weiter, damit auch er davon esse. Die Ursünde, die in diesem Bild dargestellt wird, besteht darin, daß der Mensch wie Gott sein will, daß er es nicht aushält, von Gott geschaffen und so in seiner ganzen Existenz auf Gott verwiesen zu sein. Maria ist die neue Eva. Sie erhebt sich nicht über ihre menschliche Natur, sondern stellt sich in ihrem „Fiat" Gott zur Verfügung: „Ich bin die Magd des Herrn; mir geschehe, wie du es gesagt hast." (Lk 1,38) Weil sie sich nicht über ihr menschliches Los erhebt, wird sie von Gott erhoben. Und so kann sie im Magnificat singen: „Auf die Niedrigkeit seiner Magd hat er geschaut. Siehe von nun an preisen mich selig alle Geschlechter." (Lk 1,48) Als neue Eva ist Maria unsere Mutter geworden. In ihr erkennen wir unsere Würde als Menschen, die dazu berufen sind, Gott in sich zu tragen und Gott in dieser Welt in ihrem Leib sichtbar werden zu lassen.

 Am 15. August feiert die Kirche das Fest der Aufnahme Mariens in den Himmel. Es ist ein optimistisches Fest. Maria, die mit Leib und Seele in den Himmel aufgenommen wird, ist Archetyp für den erlösten Menschen. Auch wir werden im Tod mit Leib und Seele zu Gott kommen. Wir feiern an diesem Fest, was wir im Credo bekennen: „Ich glaube an die Auferstehung des Fleisches und an das ewige Leben." Die Volksfrömmigkeit verbindet mit diesem Fest die Weihe von Kräuterbüscheln. Es sollen nur Heilkräuter sein, die da zu schönen Sträußen geflochten und in die Kirche mitgebracht werden. Wir bekennen damit, daß Gott uns eine gute Schöpfung geschenkt hat. Aus der Schöpfung wachsen Kräuter, die unsere Wunden zu heilen vermögen. Maria ist so eine heilende Pflanze, die diese Erde hervorgebracht hat. Sie zeigt uns, daß Gott die Welt als gute erschaffen hat. Auch unser Leib ist gut. Er ist zur Auferstehung berufen. Wir werden nicht nur mit unserer Seele zu Gott gelangen, sondern mit Leib und Seele. Als ganze Menschen, mit allen Erfahrungen, die wir in unserem Leben gemacht haben, werden wir hineinverwandelt in die himmlische Existenz. Über den Leib drücken wir unsere Liebe und unsere Sehnsucht aus. Unsere tiefsten Gefühle gehen über den Leib, Angst, Wut, Traurigkeit, Schmerz. Über den Leib nehmen wir einander wahr. Wir werden im Tod nicht in die Einsamkeit der erlösten Seele hineinsterben, sondern in die Gemeinschaft der Heiligen. Wir werden die Gemeinschaft mit all den Menschen, mit denen wir unser Leben geteilt haben, auf neue und einzigartige Weise erfahren.

Auf dem Bild steigt Maria aus dem Grab empor, angezogen mit dem blauen Gewand ihrer Sehnsucht. Das Grab kann sie nicht festhalten. Gott selbst hat den Stein weggewälzt, der über ihrem Grab lag. In ihr wird Wirklichkeit, was der Psalm 16 von der Auferstehung Jesu sagt und was letztlich für uns alle gilt: „Du gibst mich nicht der Unterwelt preis, noch läßt du deinen Frommen die

11. DIE SCHUTZMANTELMADONNA

 Das Motiv der Schutzmantelmadonna ist seit dem 13. Jhd. sehr beliebt. Visionen von Zisterzienser- und Dominikanermönchen trugen wesentlich zu ihrer Verbreitung bei. Im 14. und 15. Jhd. finden wir dieses Motiv in Malerei und Plastik weit verbreitet.
Das Motiv leitet sich vermutlich vom sog. „Mantelschutz" her, der im Rechtsleben des Mittelalters eine wichtige Rolle spielte. Verfolgte oder Flüchtende konnten sich unter den Mantel einer vornehmen Frau flüchten, die das Recht hatte, ihnen unter ihrem Mantel Asyl zu gewähren. Dieses Motiv wurde auf einzelne Heilige übertragen, z. B. auf die hl. Ursula. Am beliebtesten aber wurde die Schutzmantelmadonna. Die Gottesmutter galt als die mächtigste Fürsprecherin, der man sich anvertrauen konnte. Die Schutzmantelmadonna wird oft so dargestellt, daß sich unter ihrem weiten Mantel die verschiedenen Stände bergen, meistens als kleinfigurige Personen.

Das Motiv der Schutzmantelmadonna paßt im Laufe des Kirchenjahres wohl am besten in den Oktober, den Rosenkranzmonat. Im Rosenkranzbeten nehmen viele Menschen Zuflucht zu Maria und bitten sie, für die Menschen, die einem am Herzen liegen, als Fürsprecherin einzutreten. Der Rosenkranz ist ein meditatives Gebet, in dem der Betende jeweils 10 Ave Maria lang ein Geheimnis aus dem Leben Jesu oder Mariä meditiert. Viele aber beten den Rosenkranz auch für andere Menschen oder in wichtigen persönlichen Anliegen oder auch für die Probleme in der Welt. Im Rosenkranzbeten bergen sich die Menschen unter dem weiten Mantel Marias. Ihr Schutzmantel zeigt auf der einen Seite, daß sie mit uns und für uns betet. Auf der andern Seite weist Maria mit ihrem schützenden Mantel auch auf den mütterlichen Gott hin, in dem wir uns geborgen wissen wie Kinder bei ihrer Mutter.
Egino Weinert läßt lauter betende Menschen unter dem weiten dunkelblauen Mantel Marias Platz finden. Es sind betende Kinder, zwei davon haben Blumen-

Verwesung schauen." (Ps 16,10; Apg 2,27) Zwei Engel nehmen Maria an den zum Gebet erhobenen Armen, um sie in den Himmel zu geleiten. Dort erwarten sie Gott Vater und Jesus Christus, zugleich Gottes und Marien Sohn. Und aus der Wolke fliegt ihr der Hl. Geist entgegen, hier in der Gestalt eines Mannes. Was auf dem Bild von Egino Weinert von Maria dargestellt wird, das ist unser aller Hoffnung. Auch wir werden im Tod als ganze Menschen aufgenommen in die himmlische Herrlichkeit. Dort wird unser Leib verwandelt. Und wir werden in das Bild verwandelt, das Gott sich von jedem von uns gemacht hat. In der Gemeinschaft mit dem dreifaltigen Gott werden wir aber auch die Gemeinschaft mit all den Menschen erfahren dürfen, die wir geliebt haben, ja mit allen Menschen, die uns vorausgegangen sind in die göttliche Herrlichkeit.

Neben dem Grab blüht eine große rote Rose auf. Maria wird im Tod für uns alle zu einer schönen und wohlduftenden Rose. Das wird ja von einigen Heiligen berichtet, daß sie etwa wie Maria Magdalena im Tod den Duft einer Rose verbreitet haben oder daß sie wie Therese von Lisieux Rosen vom Himmel regnen ließen. Es ist ein schönes Bild, zu welcher Frucht der in Gott verankerte Mensch im Tod für andere werden kann. Im Tod erkennen wir oft erst, wer der andere wirklich war. Da wird das Bild, das Gott sich von ihm gemacht hat, nicht nur im Himmel enthüllt, es wird auch uns klarer aufgezeigt. Wenn Gott uns im Tod eines Menschen zeigt, was seine ureigenste Berufung und was sein Geheimnis war, dann wird er für uns zu einer Rose, die uns erfreut und uns mit einem süßen Duft erfüllt. Liebende schenken seit jeher einander Rosen. Maria ist selbst eine kostbare Rose geworden, die sie uns als Zeichen ihrer Liebe schenkt. Sie ist die rosa mystica, wie sie die lauretanische Litanei nennt. Sie schenkt unserem Leben neuen Geschmack, den Geschmack zärtlicher Liebe, so zärtlich duftend wie eine Rose.

 Seit den ersten Jahrhunderten ist die Darstellung der Maiestas Domini vor allem im Osten sehr beliebt. Christus thront auf einem Halbkreis, umgeben von einer Mandorla und den vier Evangelistensymbolen. Die Bibelstelle, die dieser Darstellung zugrunde liegt, ist wohl Jes 66,1: „Der Himmel ist mein Stuhl und die Erde meine Fußbank." Christus ist der Weltenherrscher, der alle Welt regiert. Es ist der kosmische Christus, das Haupt der ganzen Schöpfung, wie ihn der Kolosserbrief nennt (Vgl. Kol 1,17). Er segnet mit seiner rechten Hand die gesamte Welt und hält in der linken Hand ein Buch mit dem Wort Gottes, das in ihm Fleisch geworden ist. Der thronende Christus stellt immer auch den Herrn dar, der am Ende der Welt wiederkommen wird, um diese Welt zu richten und die endgültige Herrschaft über sie anzutreten. Umgeben ist er von den vier Evangelisten: Matthäus mit dem Menschenantlitz, Markus mit dem Löwengesicht, Lukas mit dem Stier und Johannes mit dem Adler. Oft schmückt das Bild des thronenden Christus die Apsiden der großen Kirchen. Besonders beliebt wird das Motiv der Maiestas Domini in der Portalplastik in Frankreich. Es wurde vor allem von den Benediktinern von Cluny gefördert.

Egino Weinert hält sich in diesem Bild streng an die Vorgaben, die ihm die christliche Kunst gibt. Er versteht sich als Künstler innerhalb der großen christlichen Kunsttradition. Seine Aufgabe ist nicht, etwas völlig Neues zu schaffen, sondern das Alte in unsere Zeit zu übersetzen. In dem Bild des thronenden Christus kommt Weinerts benediktinische Prägung zum Ausdruck. Der hl. Benedikt schreibt in seiner Regel, daß die Mönche Christus ganz und gar nichts vorziehen sollen (Christo omnino nihil praeponant). Christus ist das Ziel und die Mitte unseres Lebens. In ihm leuchtet uns das Antlitz des Vaters selbst auf: „Wer mich gesehen hat, hat den Vater gesehen." (Joh 14,9) Beim Gebet schauen die Mönche nach vorne auf den thronenden Christus. Christus, der in der Herrlichkeit

sträuße in den Händen. Der eine Strauß hat weiße Blumen, ein Bild für die Immaculata, für die Frau, die nicht von der Sünde infiziert ist. Ein Mädchen hält rote Rosen in den Händen. Sie weisen auf die Liebe hin, mit der die Gottesmutter für alle eintritt, die sie um Hilfe bitten. Neben den vier Kindern knien zwei erwachsene Menschen, Mann und Frau. Sie könnten die Eltern der Kinder sein. Und hinter ihnen stehen zwei ältere Menschen, wieder Mann und Frau. So sind hier nicht die verschiedenen sozialen Stände unter dem Schutzmantel versammelt, sondern die verschiedenen Altersstufen. Alle finden mit ihren je eigenen Fragen und Problemen unter dem weiten Mantel Marias Schutz.

Ein altes Marienlied, das um das Jahr 1640 in Innsbruck entstanden ist, fleht Maria an: „Maria, breit den Mantel aus, mach Schirm und Schild für uns daraus, laß uns darunter sicher stehn, bis alle Stürm vorübergehn!" Was dieses Lied aussagt, hat der Künstler in seinem Bild ausgedrückt. Da finden unter dem weiten Mantel Mariens Menschen jeden Alters Zuflucht. Daß das Motiv des mütterlichen Mantels Mariens so beliebt ist, weist darauf hin, daß die Menschen in Maria das mütterliche Antlitz Gottes erahnen. Gott ist für uns wie eine Mutter, die dem Kind unter seinem Mantel Schutz gewährt. Man könnte meinen, daß ein Mann eher „Schirm und Schild" für uns sein kann. Aber es ist offensichtlich eine Ursehnsucht des Menschen, die schützende Geborgenheit der Mutter zu erfahren. Das ist keine Regression in die kindliche Abhängigkeit. Vielmehr braucht der Mensch, der mitten im Leben steht, der sich den täglichen Kämpfen und Auseinandersetzungen stellen muß, den mütterlichen Schutzraum, in dem er ausruhen und sich bergen kann. Die Schutzmantelmadonna zeigt uns das Bild eines menschenfreundlichen Gottes, eines mütterlichen und zärtlichen Gottes, der uns schützt vor den Verletzungen und Anfeindungen des Alltags. Maria, die von Gott begnadete Frau, wird hier zum Prisma, in dem sich der mütterliche Gott für uns spiegelt.

SCHLUSS

In den Bildern von Egino Weinert wird das Heil sichtbar, das Jesus hier auf Erden für uns gewirkt hat. Lukas versteht das Wirken Jesu als Heilsjahr, das in der Feier des Kirchenjahres immer wieder neu in unsere Welt eingeprägt wird, damit es diese Welt mehr und mehr verwandelt. Die Bilder dieses Heilswerkes wollen das von Christus gewirkte Heil in uns einbilden, damit es mehr und mehr alle Schichten unserer Existenz durchdringt, damit es unser Tun und Denken verwandelt und damit es die Tiefen unseres Unbewußten erhellt, die Vorausset-zungen unseres Denkens prägt. Egino Weinert versteht seine Kunst als Verkün-digung des Heils. Er will die Menschen einladen, auf das Wirken Gottes in Jesus Christus zu schauen, damit Gottes heilendes und befreiendes Tun durch das Bild hindurch auch an ihnen wirksam wird.

Die Liturgie des Kirchenjahres feiert an den Festen, was Jesus damals in dem Jahr des Heiles getan hat, „wie er umherzog, Gutes tat und alle heilte, die in der Gewalt des Teufels waren" (Apg 10,38). Seit dem Mittelalter war es ein Bestre-ben der Gläubigen, neben der offiziellen Liturgie im Kult der Kirche eine Litur-gie des Herzens zu entwickeln. Die Anbetung des eucharistischen Brotes, das im Mandalabild der Monstranz allen zum Anschauen ausgesetzt wurde, war so eine Liturgie des Herzens. Die Bilder, die im Raum der Kirche dargestellt wurden, erfüllten die gleiche Aufgabe. Sie sollten die Menschen einladen, das Geheimnis der Liturgie im Bild zu betrachten und so in ihren Herzen zu bedenken und zu meditieren. Im Mittelalter war die Liturgie immer mehr eine Klerikerliturgie geworden, die für das Volk unverständlich war. Die Bilder waren der Ort, wo das Volk auf seine Weise mit dem Geheimnis der Erlösung in Berührung kam. Die Bilder brauchten keine Erklärung. In ihnen sah das Volk, was Gott in und durch Jesus Christus an ihm getan hat und tut.

Die Bilder von Egino Weinert wollen uns zu einer Liturgie des Herzens einla-den. Die liturgische Bewegung und die Erneuerung der Liturgie durch das II.

Gottes zur Rechten des Vaters sitzt, gibt ihnen die Gewißheit, daß ihr Gebet bis in den Himmel reicht. Das Ziel ihres Betens wird sichtbar. In ihrem Beten sehnen sie sich danach, das Antlitz Gottes zu schauen. Im thronenden Christus leuchtet ihnen das Angesicht Gottes auf.

Das Kirchenjahr schließt mit dem Fest Christkönig. Wir schauen an diesem Fest auf die Vollendung Christi in der Herrlichkeit Gottes. Dieser Christus wird in Herrlichkeit wiederkommen und die ganze Schöpfung erneuern. Er wird uns aufnehmen in sein Reich, damit wir mit ihm als königliche Menschen herrschen. Das Fest will uns aber auch zeigen, daß wir jetzt schon eine königliche Priesterschaft sind (1 Petr 2,9). In der Taufe wurden wir mit Chrisam gesalbt, dem Öl der Königskrönung. Wir haben eine königliche Würde. König ist das Bild des Menschen, der sich selbst beherrscht, anstatt von der Welt und ihren Mächten beherrscht zu werden. Für die Juden ist der König vor allem der, der in sich und um sich herum Frieden schaffen kann. Für die Griechen ist König der ganze Mensch, der die Höhen und Tiefen des Menschseins kennt. Der Blick auf den thronenden Christus will uns unsere königliche Würde mehr und mehr einbilden, verinnerlichen. Weil Christus uns Teilhabe schenkt an seinem Königtum, dürfen wir uns aufrichten und als königliche Menschen durch diese Welt schreiten. Aber wie das Königtum Christi ist auch das unsere nicht von dieser Welt (Vgl. Joh 18,36). Und weil es nicht von dieser Welt ist, kann es uns auch keine Macht dieser Welt rauben. Mitten in unserer Passion, mitten im Angefochtensein, mitten in unserem Versagen, mitten in unseren Verletzungen können wir mit Christus sagen: „Mein Königtum ist nicht von dieser Welt." Das schenkt uns in der Mühsal unseres Alltags eine königliche Würde und eine göttliche Freiheit. Es gibt in uns einen Raum, in dem Christus thront. Dort hat die Welt keine Macht über uns. Dort sind wir schon heil und ganz. Der Blick auf den thronenden Christus, wie ihn Egino Weinert geschaffen hat, will uns diese Wirklichkeit unserer königlichen Würde einbilden, damit wir daraus leben können.

75

verstanden und nicht immer gut behandelt worden. Sie waren der Enge ihrer Zeit verhaftet und sahen nur im Beuroner Stil eine Kunst, die dem benediktinischen Geist entspricht. Egino Weinert kommt das Verdienst zu, die benediktinische Kunsttradition in unsere Zeit hinein übersetzt zu haben. Während wir heute kaum mehr Verständnis für die Beuroner Kunst aufbringen, sprechen die Bilder von Egino Weinert viele Menschen an. Sie spüren, daß da ein glaubender Künstler zu ihnen spricht und sie teilhaben läßt an der Suchbewegung seines eigenen Glaubens.

So soll dieses Buch ein Zeichen der Verbundenheit sein zwischen der Abtei Münsterschwarzach und Egino Weinert, der hier bei uns seine Prägung erhalten hat und dann nach schmerzlichen Zeiten des Suchens seinen ureigenen Stil entwickelt hat. Seine Bilder künden von der persönlichen Frömmigkeit des Künstlers. Sie wollen auch uns in unserer Frömmigkeit ansprechen, damit unsere Liebe zu Gott und zu seinem Sohn Jesus Christus, in dem uns das Antlitz Gottes aufleuchtet, wachsen und unser ganzes Leben prägen kann. Für Egino Weinert spiegelt sich Gottes Antlitz nicht nur in Jesus Christus, sondern auch in Maria, in der das mütterliche Antlitz Gottes für uns aufleuchtet, und in den vielen Heiligen, für die er eine besondere Vorliebe hat. In ihnen wird jeweils auf neue Weise sichtbar, wie Gott unsere verletzten und verworrenen Lebensgeschichten zu heilen vermag und auf wie vielfältige Weise sein Heil sich in uns ausformen kann. In jedem Heiligen leuchtet das Bild Gottes auf einmalige und einzigartige Weise auf. Die Heiligen zeigen uns, daß auch wir dazu berufen sind, heilig zu werden und das Heil Gottes auf unsere ganz persönliche Weise in dieser Welt aufscheinen zu lassen. Alle Bilder von Egino Weinert künden davon, daß Gott Großes in seinem Sohn Jesus Christus an uns getan hat und täglich neu seine Wundertaten an uns vollbringt. In der Meditation seiner Bilder soll die Dankbarkeit über sein Tun an uns wachsen, so daß wir mit dem Psalmisten beten

Vatikanische Konzil haben uns neuen Zugang zur Liturgie erschlossen. Aber dennoch braucht die Feier des Gottesdienstes in der Kirche noch die Ergänzung des persönlichen Gottesdienstes daheim in unseren Wohnungen. Die Bilder dieses Bandes sollen dazu dienen, sich daheim auf die Feste des Kirchenjahres einzustimmen, damit wir sie dann in der Liturgie der Kirche besser mitfeiern können. Und die Bilder verstehen sich als Nachbetrachtung unserer gottesdienstlichen Feiern. Indem wir sie anschauen, kann sich das, was wir in der Kirche gefeiert haben, noch tiefer in unser Herz einprägen. Der Christus, den wir in der Kommunion empfangen haben, will sich im Bild in uns einbilden, damit er alle Schichten unseres Leibes und unserer Seele durchdringt und uns mehr und mehr in das einmalige Bild Christi verwandelt, das jeder von uns ist. Christus ist das Antlitz Gottes. In ihm ist der unendliche und unbegreifliche Gott anschaubar geworden. Die Bildwerdung Gottes in Christus ist eine wesentliche Seite der Inkarnation, der Fleischwerdung und Menschwerdung Gottes, die wir als das zentrale Geheimnis unseres christlichen Glaubens feiern. Im Bild erreicht uns die Menschwerdung Gottes, die vor zweitausend Jahren in Jesus Christus geschehen ist, heute, so daß wir beim Betrachten der Bilder in unseren Wohnungen mit dem Lukasevangelium sagen können: „Heute ist diesem Haus das Heil geschenkt worden." (Lk 19,9)

Die Bilder in diesem Band sind alle aus der persönlichen Meditation des Künstlers entstanden. Egino Weinert ist ein betender Mensch. Er macht nicht Kunst um der Kunst willen, er will vielmehr Menschen mit seiner Kunst erbauen, ermutigen und in ihrem Glauben stärken. Er verdankt seinen Glauben seiner religiösen Prägung im Elternhaus und in der Abtei Münsterschwarzach. Uns Mönche von Münsterschwarzach freut es, daß sich der Geist, der uns prägt, in den Bildern von Egino Weinert widerspiegelt. Während seiner Zeit im Kloster ist der Künstler leider von seinen Mitbrüdern und vor allem von seinen Obern nicht können: „Lobe den Herrn, meine Seele, und alles in mir seinen heiligen Namen! Lobe den Herrn, meine Seele, und vergiß nicht, was er dir Gutes getan hat: der dir all deine Schuld vergibt und all deine Gebrechen heilt, der dein Leben vor dem Untergang rettet und dich mit Huld und Erbarmen krönt, der dich dein Leben lang mit seinen Gaben sättigt; wie dem Adler wird dir die Jugend erneuert." (Ps 103,1-5)